HONORES Y DIPUTACIONES.
UN ESTUDIO DE LA REGLAMENTACIÓN EN ANDALUCÍA

MARGARITA PARRILLA AMADOR

HONORES Y DIPUTACIONES. UN ESTUDIO DE LA REGLAMENTACIÓN EN ANDALUCÍA

Dykinson, S. L.

Este libro ha sido sometido a evaluación por parte de nuestro Consejo Editorial
Para mayor información, véase www.dykinson.com/quienes_somos

Editorial DYKINSON, S.L. Meléndez Valdés, 61 - 28015 Madrid
Teléfono (+34) 91 544 28 46 - (+34) 91 544 28 69
e-mail: info@dykinson.com
http://www.dykinson.es
http://www.dykinson.com

ISBN: 978-84-9148-039-6
Depósito Legal: M-43738-2016

Maquetación:
Germán Balaguer - german.balaguer@gmail.com

A Natividad Amador Fernández,
mi madre, por su incondicional apoyo

ÍNDICE

PARTE II.
LOS REGLAMENTOS DE HONORES Y DISTINCIONES

PRÓLOGO

Cuando en enero de 2016 acudí encantado a Sevilla, como siempre, a la convocatoria del tribunal de tesis doctoral de Dª Margarita Parrilla, en la histórica fábrica de tabacos sede de dicha Universidad hispalense, donde se ubican el rectorado y la facultad de geografía e historia de dicho centro docente,nunca imaginé que la ya doctora calificada con la máxima distinción iba requerir de este humilde administrativista con aspiraciones de historiador prologara para su edición el resultado de sus trabajos investigadores.

Ante tan inmerecida petición y esperando con ello poder acudir a una futurible presentación de su concienzudo trabajo, ya en forma de libro, en cualquiera de las apetecibles fechas y acontecimientos de la primavera sevillana tan alejada de los rigores y preocupaciones diarias de la vida municipal capitalina, acepté encantado.

Ahora bien antes de presentar la obra de la autora deberemos de ubicarla en su contorno, puesto que los reglamentos de honores y distinciones de las diputaciones provinciales andaluzas requieren de tres conceptos previos : los honores, el reglamento y la Diputación.

I

Cuando la revolución francesa acabó con la sociedad estamental y junto a los de libertad y fraternidad, consagró a la igualdad como pilar de la nueva sociedad, se comenzó con el final de una aristocracia basada en los privilegios de la sangre .

Pero la igualdad humana en su totalidad es una entelequia[1] que ni las sociedades comunistas han podido conseguir, puesto que el esfuerzo y el mérito suelen tener un premio en las trayectorias vitales y así las sociedades y sus organizaciones administrativas han reconocido esos trabajos y méritos, cuando redundan en la consecución de valores generalmente reconocidos.

Ese reconocimiento, puede que no sea como en el medioevo un título nobiliario, pero produce "inmortalidad" como la incorporación a la academia francesa o a nuestra Real academia, y puede ser contemplado por las generaciones posteriores como se puede observar en el poco conocido museo de la legión de honor en Paris, ubicado junto al popularísimo museo D´Orsay.

---

1 MOURE MOURIÑO, Luis "La desigualdad humana" Fundación Canovas del Casstillo 1984.

Así la propia revolución creó el panteón de hombres ilustres, o el estado comunista por excelencia tenía el reconocimiento de "Héroe de la Unión soviética" y desde luego la primera democracia constitucional, tiene entre otras muchas distinciones y honores la medalla de honor del Congreso.

Esta nueva fórmula de reconocimiento por parte de los estados revolucionarios enlaza con una larguísima tradición prácticamente consustancial a la existencia de sociedades organizadas que tiene ejemplos como las cintas y coronas de laurel otorgados en Olimpia y Delfos en sus respectivos juegos, la institución del "Triunfo" tan codiciada por los generales romanos, etc, que con el principado y especialmente tras la crisis del bajo imperio romano derivó en reconocimientos nobiliarios que incorporaban la tenencia de tierras y rentas vinculadas.

Pero con el advenimiento del Estado moderno las monarquías reimplantaron reconocimientos y distinciones singulares como el Toisón de oro borgoñón o la jarretera británica, que podemos tomar como antecedentes de la "popular" legión de honor francesa.

Estas distinciones y honores tienen un ámbito bien diferenciado entre los campos civil y militar, con manifestaciones muy diferentes ya en el mundo contemporáneo, como el Max azul (la orden pour le merité del II Reich alemán), la celebérrima cruz de hierro, el corazón púrpura norteamericano, o nuestra laureada de San Fernando.

Pero el libro de Margarita Parrila, que me honro en prologar, no es un estudio general de los honores y distinciones, ni aborda la historia de las condecoraciones militares es un estudio histórico de las normativas sobre honores y distinciones con dos acotaciones materiales: una geográfica y otra institucional.

La geográfica es la de vecindad de la autora, esto es la actual comunidad autónoma de Andalucía, lo que aunque limita geográficamente el trabajo, lo acota a efectos investigadores (recuérdese que la obra es consecuencia de una tesis doctoral), pero posibilita un intenso manejo de fuentes documentales auténticas a las cuales ha accedido la autora.

Por su parte la institucional, es otra autolimitación que enriquece el trabajo por la especialización y a su vez lo acota temporalmente, esto es tan solo se analizan los honores y distinciones otorgados por las Diputaciones provinciales andaluzas.

II

Cabe ahora como todo administrativista hacer unas breves reflexiones sobre esas corporaciones provinciales, tan denostadas hoy en día.

El art. 141 de la Constitución Española de 1978, como es conocido, recoge institucionalmente la figura de la Provincia como entidad local estableciéndose esta entidad en un territorio, el provincial que tiene una doble configuración por un lado circunscripción para el cumplimiento de los fines del Estado y en su caso de las Comunidades Autónomas y por otra parte la determinación ya consabida de entidad local.

Ese carácter de entidad local de la provincia de origen decimonónico en España, como ya estudiaran Tomas Ramón FERNÁNDEZ[2] y Jesús GONZÁLEZ SALINAS[3] y la autora desarrolla en la presente obra,hace que el ente provincial tenga a su vez una doble vertiente, conforme a la configuración de la legislación sobre régimen local de carácter bifronte, entre el Estado con sus bases y la legislación de las Comunidades Autónomas sobre el indicado espacio local,en base a los títulos competencíales correspondientes de los diversos Estatutos de Autonomía y por tanto el de Andalucía.

En estas circunstancias la principal problemática de la Provincia como entidad local es su permanente discusión en relación con la propia existencia de esta, articulada fundamentalmente con su complementariedad con el sistema autonómico derivado de la Constitución de 1978 y con su carácter de entidad de segundo grado,o entidad compuesta por su naturaleza representativa de municipios, frente a la pretendida alusión del carácter "natural" de otras entidades como la comarca,dada la teórica artificialidad de la división provincial operada por Javier de Burgos.

En ese sentido debemos destacar que la existencia de la Provincia como entidad local no puede diferenciarse, en cuanto su carácter compuesto integrado por municipios,del de la propia Comunidad Autónoma que igualmente esta integrada por Provincias, en el caso de las Comunidades pluriprovinciales,o que es en si mismo una Provincia " con entidad regional histórica", o autorizada expresamente mediante una ley orgánica a transformarse en Comunidad Autónoma, por lo que por regla general en base a la propia decisión del constituyente, prevista en el art. 143 la Carta Magna, es la de que es la Provincia la que posibilita el acceso a la autonomía, esto es a una de estas,o a un mayor nivel de autonomía que el local, que es el regional,mediante la autorización de las Cortes Generales.

De hecho hay quien mantiene como el propio GARCÍA DE ENTERRÍA[4] que se hace necesario superar la idea tradicional de la Provincia referente a la gestión de un grupo de establecimientos sanitarios y de beneficencia y a un ámbito de actuación publica que correspondía a los municipios, puesto que es menester tomar plena conciencia de que la consagración de la Provincia como entidad local y aun su preeminencia en el sistema anterior del régimen local,se sostienen como una realidad mucho mas importante que la efectiva continua y progresiva formalización del ámbito supramunicipal, como un ámbito de vida social de un carácter predominante desde un punto de vista de la retención del hombre con el espacio.

---

2 Tomas Ramón FERNÁNDEZ "El gobierno interior de las provincias y de los pueblos en la Constitución de 1812 pags 115 a 127 de la obra colectiva coordinada por Alberto Ruiz Ojeda, "El gobierno local –Estudios en homenaje al profesor Luis Morell Ocaña–", Iustel-Cosital, 2010.

3 Jesús GONZÁLEZ SALINAS "La organización local en el siglo XIX,Su regulación según el modelo de la Constitución de Cadiz" pp. 544 a 576 de la obra colectiva coordinada por José Maria Baño León y Juan Climent Barberá "Nuevas perspectivas del Régimen Local, Estudios en homenaje al profesor José Mª Boquera Oliver, Tirant lo Bñanch, Valencia, 2002.

4 Eduardo García de Enterría "Problemas actuales del Régimen local" 3ª edición Thomson-Civitas, 2007. La Provincia en el régimen local español, p. 44.

Igualmente el granadino MORELL OCAÑA[5] señaló que la naturaleza compuesta por una unión de municipios de la Provincia, supone que el vinculo de integración de estos en la Provincia es mas profundo y genera unas consecuencias muy superiores a una mera unión, puesto que no es de esa naturaleza,la naturaleza de la Provincia,pero si matiza su función como entidad local, dado que a lo largo de la historia ha habido diversas formulaciones de la Provincia en sus relaciones de entidad local,puesto que en una primera instancia fue el ente superior con la capacidad jerárquica de la Provincia sobre el municipio, mientras que posteriormente fue una instancia de cooperación, auxilio y apoyo a la propia entidad municipal.

En ese sentido no debemos olvidar que la Provincia es en si misma una parte integrante de la organización territorial del estado, al mismo nivel en cuanto a su indisponibilidad que los municipios y que las propias Comunidades Autónomas, tal y como se deriva de la determinación literal del art.137 de la Constitución.

Pese a estas determinaciones y la persistencia de la Provincia y las propias Comunidades Autónomas,lo cierto es, tal y como afirma Leguina Villa[6],que es muy real la tentación que podían caer,de hecho han caído afirmamos nosotros, como forma de autoafirmarse las entonces nuevas Comunidades Autónomas de la fuerza su propia cohesión interna, a costa del autogobierno de las entidades Intrarregion ales,fundamentalmente volvemos a matizar nosotros de las de carácter provincial, por su incidencia y por los efectos sobre el presupuesto general sobre la propia Comunidad Autónoma.

Esta circunstancia junto a otras de carácter puramente ideológico(federalistas y nacionalistas), así como la realidad de fuerte crisis económica ha hecho que la institucionalización administrativa de las provincias este fuertemente contestada.

En ese sentido debemos destacar que la existencia de la Provincia como entidad local no puede diferenciarse, en cuanto su carácter compuesto integrado por municipios,del de la propia Comunidad Autónoma que igualmente esta integrada por Provincias, en el caso de las Comunidades pluriprovinciales,o que es en si mismo una Provincia " con entidad regional histórica", o autorizada expresamente mediante una ley orgánica a transformarse en Comunidad Autónoma, por lo que por regla general en base a la propia decisión del constituyente, prevista en el art. 143 la Carta Magna, es la de que es la Provincia la que posibilita el acceso a la autonomía, esto es a una de estas,o a un mayor nivel de autonomía que el local, que es el regional,mediante la autorización de las Cortes Generales

En ese sentido no debemos olvidar que la Provincia es en si misma una parte integrante de la organización territorial del estado, al mismo nivel en cuanto a su indisponibilidad que los municipios y que las propias Comunidades Autónomas, tal y como se deriva de la determinación literal del art.137 de la Constitución.

---

[5] Luis Morell Ocaña "La provincia" dentro de la obra colectiva "Tratado de derecho municipal" dirigida por Santiago Muñoz Machado. Iustel 2010, tomo II.

[6] Jesús Leguina "la autonomía de los municipios y provincias a la ley básica de régimen local" Revista de estudios de la administración local y autonómica nº 227/1985.

Pese a estas determinaciones y la persistencia de la Provincia y las propias Comunidades Autónomas,lo cierto es, tal y como afirma LEGUINA VILLA[7], que es muy real la tentación que podían caer,de hecho han caído afirmamos nosotros, como forma de autoafirmarse las entonces nuevas Comunidades Autónomas de la fuerza su propia cohesión interna, a costa del autogobierno de las entidades In trarregionales,fundamentalmente volvemos a matizar nosotros de las de carácter provincial, por su incidencia y por los efectos sobre el presupuesto general sobre la propia Comunidad Autónoma.

Esta circunstancia junto a otras de carácter puramente ideológico (federalistas y nacionalistas), así como la realidad de fuerte crisis económica ha hecho que la institucionalización administrativa de las provincias este fuertemente contestada.

En base a dicha circunstancia debemos destacar la articulación por parte de ORTEGA ÁLVAREZ y PORTA SEGUIDO[8] de clasificar las provincias en relación con las Comunidades Autónomas en tres grandes modelos

El modelo que rige en Andalucía de integración de relaciones entre la Provincia y la Comunidad Autónoma es el modelo que podemos llamar general o mayoritario, en su origen, vinculado a las Comunidades Autónomas de carácter pluriprovincial exceptuando la del País Vasco (aunque en esta se respeta el territorio provincial y las funciones locales de la entidad foral) y el catalán que al menos teóricamente pretende eliminar la Provincia.

Este modelo, que tal y como destaca COSCULLUELA MONTANER[9], incorpora a la Comunidad Autónoma gallega con las posibilidades previstas desde un primer momento por la Ley Orgánica de Armonización del proceso autonómico derivada del trabajo de la comisión de expertos sobre las autonomías territoriales y posteriormente, añadimos nosotros,puesto que muchas veces es olvidada la vigencia de dicha ley que sin carácter orgánico ni armonizador pero con valor de ley y por lo tanto vinculante a todos los efectos, recoge el sistema de la Ley de proceso autonómico en sus arts. 9 y 15, para que la Provincia además de entidad local puede ser entidad gestora con carácter ordinario de los servicios autonómicos en el territorio provincial.

Un aspecto este, claro precedente de la administración única y de la evitación de duplicidades que fue claramente obviado ya desde el comienzo de la articulación del estado autonómico por la potestad legislativa de las comunidades autónomas en relación con su propia organización administrativa y territorial, que en todo momento soslayaron la gestión por entidades no controladas integradas en la organización autonómica de servicios propios, independientemente de los aspectos políticos que sobre esa circunstancia concurren[10].

---

[7] Jesús Leguina "la autonomía de los municipios y provincias a la ley básica de régimen local" Revista de estudios de la administración local y autonómica nº 227/1985.

[8] Luis ORTEGA ÁLVAREZ y Francisco PORTA SEGUIDO comentario art.31 de la LRBRL pags.793 a 806, y en concreto 802 dentro de la obra colectiva "Comentarios a la ley reguladora de bases de régimen local "Tomo 1 arts. 1-45) dirigida por Manuel Rebollo Puig,Tirant Lo blanch Valencia 2007.

[9] Luis Cosculluela Montaner op cit problemática de .... p. 1.

[10] Así al respecto es paradigmático el caso de Andalucía y asi José Ignacio MORILLO VELARDE PÉREZ "Las Diputaciones Provinciales en la Comunidad Autónoma de Andalucía" Revista española de derecho

No obstante ese carácter de circunscripción de la provincia, también ha tenido a lo largo de nuestro devenir histórico un carácter de entidad local, especialmente desde las leyes municipal y provincial de 1870 y desde los estatutos municipal y provincial de Calvo Sotelo de los años 1924 y 1925.

Así, tal y como señala Ángel BALLESTEROS FERNÁNDEZ[11], en su carácter de entidad local determinada por la agrupación de municipios, la provincia ha tenido como misión esencial suplir las carencias de la entidad local básica, el municipio; Carencias fácilmente comprensibles si se atiende a las características de los municipios españoles, pues los numerosos micromunicipios difícilmente pueden ser soporte de una administración pública prestadora de servicios públicos, cuestión esta que se pretende afrontar en la reforma con la coordinación provincial.

Junto a ello, la provincia, en cuanto entidad local de segundo nivel, atendía a los intereses provinciales que trascendían de los puramente municipales. Pero, en el momento actual, la constitución de las comunidades autónomas ha supuesto la pérdida para la provincia de las funciones de planificación y de prestación de servicios, que tiene un ámbito más racional en el espacio regional; por otra parte, la tendencia a crear entidades locales de carácter comarcal, supone también la pérdida para las provincias de sus misiones propias de entidad local de segundo nivel.

Por su parte, SOSA WAGNER[12] señaló que resultaba apresurado avanzar conclusiones firmes acerca del cual pueda aventurarse del espacio provincial como un milagro, por la sencilla razón de que cuenta con poco entusiasmo ente la nueva clase política emergente de dirigentes regionales,deseosos de afianzar las estructuras organizativas y burocráticas centrales en sus respectivas comunidades autónomas y con ello su poder político, probablemente la primera batalla seria que en algo se tenga, y con tal proceso histórico es muy difícil luchar.

No obstante, no debemos olvidar que la provincia como entidad local goza de autonomía para la gestión de sus intereses y está expresamente prevista su existencia, y por tanto su garantía institucional en los términos determinados por la Sentencia del Tribunal Constitucional de 28 de julio de 1981 en los artículos 137 y 141 de la Constitución, así como en el artículo 3° de la Ley Reguladora de Bases de Régimen Local 7/1985 de 2 de abril.

Pero en esa encrucijada, que señaló el profesor CLAVERO ARÉVALO[13] en que se encontró la provincia tras la aprobación de la Constitución, y en el marco de las autonomías se producen dos posturas dentro del marco interpretativo de la Constitución, conforme la doctrina del Tribunal Constitucional de garantía institucional, con carácter por tanto pro-provincialistas y una tercera postura que podríamos señalar en contra de ese marco constitucional de la provincia o rayando la interpretación en sentido contrario del ámbito provincial.

---

administrativo n° 65 (1989) y "La Provincia en el derecho propio de Andalucía" revista andaluza de administración publica n° 33 1999.

[11] Ángel BALLESTEROS FERNÁNDEZ. "Manual de derecho local", 5ª edición. El Consultor 2006, p 58.

[12] Francisco SOSA WAGNER. "Manual de Derecho local". Aranzadi 2005, 6ª edición, pp. 105 y ss.

[13] Manuel CLAVERO ARÉVALO "La provincia ante una encrucijada histórica en el ciento cincuenta aniversario de su creación (1833-1983)" pp. 2129 a 2157 de Revista de Administración Pública núm. 100-102, Enero-Diciembre 1983, Volumen III.

En primer lugar debemos señalar la postura claramente provincialista, de consideración de la provincia como una entidad absolutamente imprescindible y necesaria, y desvirtuando la existencia de otras entidades locales supramunicipales. Es el caso fundamentalmente del profesor Sebastián MARTÍN RETORTILLO[14].

Por otra parte podemos señalar la postura de integración de la provincia en el marco de las Comunidades Autónomas, dotando a la provincia no sólo de su carácter tradicional local, sino fundamentalmente de un ámbito de prestación de los servicios autonómicos con carácter provincial y de articulación local en el ámbito de la legislación autonómica, es el que propugnara en la línea del primer Estatuto de Andalucía el profesor RIVERO YSERN[15].

Finalmente, nos encontramos con buena parte de la doctrina catalana, que siendo las posturas auspiciadas desde la legislación del Parlament, propugnan una primera fase de la supresión de la institución provincial y en una segunda fase, tras la sentencia 32/1981, de 21 de julio, del Tribunal Constitucional, su superación en el territorio catalán mediante la integración de las diversas provincias en una sola provincia, no siendo Cataluña una comunidad autónoma uniprovincial, especialmente profundizadas tras el nuevo Estatuto de autonomía de 2006, que obvian a la provincia y pretende su sustitución por la Veguería y no desde un punto de vista meramente léxico,sino conceptual,al establecerse un número distinto de estas sobre aquellas a las que pretendía sustituir hasta la STC 31/2010.

A modo de conclusión podemos resumir que la provincia en cuanto a su naturaleza es según el profesor COSCULLUELA MONTANER[16], al cual seguimos en esta opinión, un ente que está dotado, conforme se prevé en el artículo 141 de la Constitución, de una triple naturaleza, por un lado división territorial de la administración periférica, en segundo lugar entidad local y en tercer lugar, distrito electoral para las elecciones generales al Senado y al Congreso de los Diputados.

Esa triple naturaleza establece las vertientes en tanto en cuanto división territorial, tanto para las administraciones estatal como autonómica en su carácter periférico, en segundo lugar, en cuanto a entidad local de carácter representativo de corporación de segundo grado de municipios agrupados en esa provincia, y en tercer lugar específicamente, conforme señala el artículo 68 de la Constitución, como circunscripción para las elecciones generales tanto al Senado como al Congreso de los Diputados.

El reconocimiento y caracterización de la provincia en el sistema jurídico administrativo español no ha supuesto una consideración socio política exactamente igual al reconocimiento jurídico dimanante de las estructuras constitucionales existentes desde la Constitución de 1812 con dicha entidad provincial.

---

[14] Una biografía esencial del Dr. Martín Retortillo la encontramos en su Libro homenaje dedicado a estudios de derecho económico, editado por Civitas-Endesa-Ibercaja con prólogo de Luis Cosculluela Montaner 2003.

[15] José Luis RIVERO YSERN "Manual de derecho local ", 7ª edición Civitas-Thomson 2014, pp. 245 a 256.

[16] Luis COSCULLUELA MONTANER. Manual de Derecho administrativo 25ª edición.Thomson- Civitas 2014, pp. 266 y 267.

Así, en el seno de las Cortes constituyentes, la acepción provincial fue discutida también en cuanto a su configuración, tanto como entidad necesaria de la administración periférica del Estado como, y especialmente,tal y como señala Sebastián MARTÍN RETORTILLO[17],como entidad local, no obstante, dicha discusión no puede significar en ningún caso la existencia de claras referencias constitucionales al ámbito provincial y su prevalencia sobre cualquier otro tipo de estructuración territorial en el ámbito de las comunidades autónomas, toda vez que la jurisprudencia del Tribunal Constitucional, especialmente la Sentencia 32/1981 de 27 de julio, establece claramente en relación con la provincia esa garantía institucional que la preserva de transferencias absolutas de competencias y funciones,frente a otras entidades, y especialmente frente a las comarcas.

En efecto, la oposición y dualidad comarcas-provincias se produce históricamente desde un origen del pensamiento político catalanista y de otros regionalismos de carácter variable, así, durante el siglo XIX se criticó a la provincia tanto en los pensamientos por ejemplo de Alfredo BRAÑAS[18] o Vicente RISCO[19] en Galicia, como especialmente los pensamientos catalanistas[20].

En ese sentido la provincia recuerda a un ámbito centralista y uniformador derivado de la Constitución de 1812 y especialmente del pensamiento liberal de origen jacobino. Esta configuración de la provincia produjo, pese a su cristalización y consolidación institucional en el conjunto de España[21], un profundo resentimiento hacia tal entidad y especialmente hacia el máximo representante, primero jefe político y posteriormente tras el paso por los subdelegados de Fomento como gobernador civil, hacia la figura del ya referido máximo representante de la administración del Estado en la provincia, lo cual con la Ley de organización y funcionamiento de la administración general del Estado y la transacción parlamentaria derivada,o bien del pensamiento imperante, o bien de las necesidades parlamentarias del momento ante las presiones de los grupos nacionalistas, especialmente el Partido Nacionalista Vasco y Convergencia i Unió, en la desaparición de dicha figura como tal, siendo sustituido por un funcionario de nivel 30, caracterizado como Subdelegado del gobierno.

Ante la crítica a la institución provincial, basada en razones de centralismo y de oponibilidad política, surge fundamentalmente como respuesta la comarca. La comarca referida tanto como entidad natural más cercana al ciudadano, como respuesta específica de las doctrinas catalanistas, aragonesistas y galleguistas contra el poder central preservado y desconcentrado mediante instituciones provinciales; Por tanto, podemos hablar históricamente, y ya desde mediados del siglo XIX,

[17] Sebastián MARTÍN –RETORTILLO BAQUER "La provincia, pasado, presente y futuro". Civitas 1991.

[18] Acerca del pensamiento regionalista de Alfredo Brañas, véase la biografía de éste de Ramón Maíz, Galaxia Editorial, 1986. Santiago de Compostela.

[19] Una aproximación al pensamiento de dicha figura y en general del nacionalismo gallego, lo tenemos en Santiago ÁLVAREZ "Ensaio encol do problema nacional galego.", Anual Editor, 1976, así como Francisco BOBILLO "Nacionalismo galego. La ideología de Vicente Risco" Akal Universitaria, 1981.

[20] Sobre esta materia puede verse Fernando GARCÍA RUBIO "Evolución historica del espacio comarcal" URJC-Dykinson, 2003.

[21] Con respecto a la evolución histórica de las provincias vid Mayte SALVADOR CRESPO "La autonomía provincial en el sistema constitucional español" Fundación Democracia y gobierno local, 2011.

de una batalla histórica desigual, y por ahora ganada con carácter general por la provincia, entre las provincias y las comarcas y ahora también las Veguerías.

En algunos ámbitos doctrinales, y así por ejemplo FERREIRA FERNÁNDEZ[22], se planteaba la posibilidad de una variación de la doctrina del Tribunal Constitucional en relación con la garantía institucional de las provincias, para posibilitar a las Comunidades Autónomas una más amplia libertad en su ordenación territorial de carácter administrativo en torno fundamentalmente a la figura de las comarcas, pero por ahora la determinación constitucional del artículo 141 en relación con el artículo 137 de la citada Carta Magna establecen una necesidad de la estructura provincial, especialmente en su ámbito de entidad local, corporativa, corporaciones de segundo grado pero corporativa, de los municipios integrados en ella.

No obstante, y pese al reconocimiento constitucional de las diputaciones provinciales y de la provincia en sí como entidad territorial, debemos señalar la existencia, tal y como expresa concretamente Sebastián MARTÍN RETORTILLO[23], de una auténtica animadversión frente a las corporaciones provinciales ya desde el mismo momento de la elaboración de la Constitución. El referido autor señala que, a su juicio, existen razones en la concepción de dicha animadversión frente a la organización provincial que, aparte de los tópicos habituales acerca del carácter convencional ya histórico de la organización provincial, y la consideración por una parte en la sociedad de las provincias como una mimética reproducción de las soluciones importadas del modelo francés, opiniones estas que el profesor Martín Retortillo señala como carentes de vigor y que a su juicio no merecen la más mínima atención[24], se fundamentan,por parte de los detractores de la provincia en el apoderamiento de unas organizaciones existentes y consolidadas por parte de quienes en ellas no detentan el poder político.

Ese fenómeno se ha debido a una doble causa; en primer lugar, y a su juicio con carácter afortunado solamente de manera transitoria, la oposición a las diputaciones durante las cortes constituyentes en la primera legislatura, procedía de los grupos políticos de la oposición y especialmente del Partido Socialista Obrero Español con expresiones acerca de las diputaciones como *"el nido del caciquismo antidemocrático", "la supervivencia del franquismo", "productos últimos de la reacción", etc.* Crítica ésta agravada tras la aprobación de la Ley 39/1978 de 17 de julio, de Elecciones Locales, que en la práctica vino a impedir, de forma notoria a juicio de Martín Retortillo, el acceso al gobierno de las diputaciones para los partidos de la oposición[25].

No obstante, con la reforma de dicha Ley de Elecciones Locales de 2 de marzo de 1983 se produjo una variación de la concepción del Partido Socialista acerca de

[22] Javier FERREIRA FERNÁNDEZ. "La Comarca en la Historia." Op. Cit.

[23] Sebastián MARTÍN RETORTILLO "La provincia, pasado, presente y futuro". Op. Cit. p. 96.

[24] Sebastián MARTÍN-RETORTILLO BAQUER. "En torno a la organización provincial", Libro homenaje al profesor J. Galván. Valencia 1980, trabajo publicado también en la Revista de Administración Pública nº 97, pp. 7 y ss.

[25] Sobre la citada ley de elecciones locales podemos destacar el trabajo de Luis COSCULLUELA MONTANER al respecto, "Las elecciones locales: Comentarios a la Ley 39/1978, de 17 de julio.", El Consultor, 1979.

las diputaciones, toda vez que el sistema electoral se adaptó a las pretensiones del referido grupo político.

A pesar de esta variación de la opinión del Grupo socialista, pese al vigor de las diputaciones, se causo un cierto daño en su imagen y su concepción social, por las detracciones anteriormente enunciadas.

La segunda de las líneas argumentales que señala el profesor Martín Retortillo como elemento de oposición a las diputaciones provinciales es la que se postula por las fuerzas nacionalistas de modo principal y desde un comienzo por las catalanas. Dichas opiniones se asumían de forma muy explicita por algunas comunidades autónomas, siempre con la intencionalidad, a juicio de Retortillo, de asumir el poder de las diputaciones que pudieran ostentar mediante el apoderamiento de cometidos y competencias de éstas en lo que en ocasiones muchas Comunidades Autónomas han prestado mas atención que a sus propias competencias.

No obstante estas determinaciones y condiciones previas de la absoluta necesariedad e indisponibilidad de la institución provincial,debemos señalar, tal y como afirma FONT I LLOVET[26], que si la sustantividad de la entidad provincial en cuanto a sus contenidos funcionales queda seriamente afectada por el conjunto de legislaciones autonómicas, y así podemos citar las de Andalucía[27], Cataluña, Galicia y específicamente la Ley Valenciana de 1983 interpretada por el Tribunal Constitucional en su Sentencia 27/1987, de 27 de febrero, no es menos cierto que desde el punto de vista organizativo las provincias asumen una nueva significación. Como niveles directamente estructurantes el entramado administrativo de la comunidad autónoma, porque junto al movimiento ascendente de centralización de las Diputaciones provinciales se prevén los mecanismos de recuperación de su presencia externa a través de las vías de delegaciones de las competencias autonómicas.

Dicha segunda vertiente, ya diseñada en no pocos Estatutos de Autonomía, no ha alcanzado, sin embargo, a juicio de Font i Llovet, los niveles mínimos de realización satisfactoria a pesar de su regulación en las comunidades autónomas de Cataluña, Galicia, Andalucía y en algunas otras como en Castilla y León y Aragón.

Esa recuperación del espacio provincial se manifiesta, por ejemplo, en lo que BARNES VÁZQUEZ[28] señala como previsiones estatutarias sobre las condiciones para la constitución de las comarcas, con carácter más restrictivo incluso que los límites establecidos por la legislación estatal, como es el caso de Andalucía en su primer Estatuto.

La provincia es, tal y como señala el profesor Luciano PAREJO ALFONSO[29], por un lado un elemento histórico, puesto que su configuración y funciones básicas durante la época contemporánea han sido asimiladas por el sustrato sociológico, y

[26] Tomás FONT I LLOVET "La comarca y la estructura del gobierno local", Pág. 281 de "La Provincia en el sistema constitucional". Diputación de Barcelona. Civitas 1993.

[27] Al respecto vid Antonio JIMÉNEZ-BLANCO CARRILLO DE ALBORNOZ "La Provincia virtualidad y fortalecimiento en territorio andaluz" revista andaluza de administración publica nº 43/2001.

[28] Javier BARNES VÁZQUEZ "Descentralización y desconcentración en Andalucía". Documentación administrativa nº 214.1988.

[29] Luciano PAREJO ALFONSO "La provincia como Entidad local", Págs., 36 a 110 de "La Provincia en el sistema constitucional." Op. cit.

en segundo lugar tiene una significación a nivel de segundo superior escalón de la administración local, con la regulación constitucional y un reconocimiento de los Estatutos de Autonomía con carácter general, cuestión aparte es el caso peculiar de Cataluña y su reflejo final en la legislación básica estatal, especialmente en la Ley 7/85 Reguladora de las Bases del Régimen local y en la legislación orgánica reguladora del régimen electoral, que también tiene una vertiente funcional, puesto que la provincia, tal y como la considera Parejo, es una instancia ubicada entre los principios de solidaridad y equilibrio intermunicipales que asegura la plena funcionalidad de la administración local en la estructura total del poder publico administrativo.

Este carácter de entidad local de la provincia es una interpretación lógicamente de un legislador ordinario, puesto que la consideración de la provincia a nivel constitucional es diferenciada de la municipal, tal y como se refleja en el artículo 137 de la Constitución, siendo la legislación básica en materia de contratos, o de procedimiento administrativo, o la propia ley reguladora de bases de régimen local, la que integra a la provincia dentro del entramado de la administración local,al asimilarla a las entidades integrantes de la administración local.

De esa asimilación de la provincia a la administración local, que es clásica, pero, que pudiera haber sido variada, no solo por ese reflejo del precepto constitucional, el articulo 137 diferencia claramente el nivel municipal del provincial, sino por la posibilidad que la ley del proceso autonómico 12/1983 contenía la posibilidad de delegar funciones autonómicas sobre la administración ordinaria de las comunidades autónomas en las provincias, no ha sido contemplada y nos encontramos claramente ante una entidad local de segundo grado corporativa.

De hecho, las diputaciones son los embriones, o por lo menos entes propiciadores, de los procesos autonómicos, tal y como se deriva del artículo 143 de la Constitución, y como han señalado Sebastián Martín Retortillo, en las obras citadas y por otra parte MORELL OCAÑA[30].

Dicho reconocimiento, según se recoge por el citado autor, lo es sin perjuicio de la organización de la provincia como entidad local y como circunscripción territorial para el cumplimiento de las actividades del Estado, de conformidad con lo previsto en los artículos 137 y 141 de la Constitución. Dicha precisión es, a juicio de Martín Retortillo, importante, puesto que supone, ni más ni menos, que el reconocimiento explícito de las diputaciones al que obviamente es preciso dar un sentido y un alcance, una valoración que todavía tiene mayor sentido si se considera que las determinaciones sobre la provincia como entidad local que fue expresamente introducida mediante la tramitación parlamentaria del texto en la Comisión constitucional del Congreso y que no figuraba en el proyecto de estatuto presentado a las Cortes por el Estatuto de Nuria.

Ahora bien, la organización provincial preexistente al hecho autonómico y recogida en el artículo 137 con carácter general como división territorial, y 141 en cuanto a su entidad con el específico carácter de entidad local representativa, se

---

[30] Luis MORELL OCAÑA. "Configuración y ordenación territorial de las Comunidades Autónomas"publicado en la Revista de Derecho Administrativo nº 31. Civitas.

contempla en los distintos estatutos como algo diferenciado de la organización de las Comunidades Autónomas por su origen pre-estatutario y por lo tanto como un hecho físico jurídico y político que deben asumir las correspondientes comunidades autónomas.

Por tanto, podemos recoger esa diferenciación de la organización de las comunidades que tiene también unas consecuencias,como señala Retortillo, de diferenciación de la organización territorial del Estado y ello sin perjuicio de que alguna de las comunidades asuman también la división provincial como base territorial de su organización administrativa.

No obstante, la voluntad de los legisladores autonómicos no siempre ha sido de respeto hacia la provincia, y hecho claro y ejemplar de dicha actuación es la ley de transferencia urgente y plena de las competencias de las diputaciones provinciales a la Generalitat de Cataluña, que fue objeto de recurso de inconstitucionalidad y de la posterior sentencia 32/1981, de 28 de julio, en la cual el Tribunal Constitucional precisó su posición insistiendo en la garantía institucional de la autonomía local expresamente referido a las diputaciones provinciales reflejando que, *"no precisa la Constitución cuáles sean esos intereses ni cuál es el haz mínimo de competencias que para atender su gestión debe el legislador atribuir a la provincia"*, fundamento jurídico tercero; Pero por tanto, manteniendo esa garantía institucional de hecho, la posterior Sentencia del Tribunal Constitucional 84/1982 de 23 de diciembre, establece en su fundamento jurídico cuatro *"los entes locales (municipios y provincias), tienen autonomía constitucionalmente garantizada por la gestión de sus respectivos intereses (artículo 137 de la Constitución española); la determinación de cuales serán esos intereses es obra de la ley que les atribuye consecuencias concretas"*, por tanto, el reconocimiento de esa garantía operada por el 137 de la Constitución en cuanto al ámbito concreto de actuación y su concreción es una tarea del legislador ordinario, circunstancia esta que el Tribunal Constitucional en su Sentencia 27/1987, de 27 de febrero, fundamento jurídico 2º, precisa al señalar que *"la Constitución garantiza la autonomía de las provincias para gestión de sus propios intereses, artículo 137, encomendando su gobierno y administración a diputaciones y otras corporaciones de carácter representativo, artículo 141.2, como este Tribunal ha precisado en repetidas ocasiones"*, Sentencias del Tribunal Constitucional 4/1981 y 32/1981 fundamentalmente, dicha autonomía hace referencia a la distribución territorial del poder del Estado en el sentido amplio del mismo y debe ser entendida como un derecho de la comunidad local a participar a través de sus órganos propios en el gobierno y administración de cuantos asuntos le atañen, constituyendo en todo caso un poder limitado que no puede oponerse al principio de unidad estatal.

La concreta configuración de la autonomía provincial corresponde al legislador, incluyendo la especificación del ámbito material de competencias de la entidad local, así como las fórmulas e instrumentos de relación con otras entidades públicas y el sistema de controles de legalidad constitucionalmente legítimos.

Un intento, pues, que a través de razones basadas exclusivamente en criterios políticos, frente a los que hay que advertir que la Constitución ha optado por un conjunto sistemas locales en tres niveles, dos el municipio y la provincia de carácter necesario, y también la comarca con carácter optativo y sin negar las posibilidades que en su caso pueda ofrecer la ordenación de estas últimas, es lo cierto que cuando las mismas suponen la desaparición práctica de uno de los niveles necesarios en favor de otro que no lo es, no pueden entenderse sino como una auténtica vulneración constitucional, máxime cuando el escalón organizativo que se cercena es de los establecidos con carácter obligatorio por la propia Constitución española.

Por otra parte, el profesor COSCULLUELA MONTANER[31] señala que, como entidad local, la provincia está determinada por la agrupación de municipios y tiene constitucionalmente garantizada su propia esfera de intereses, de carácter supramunicipal éstos, sin embargo, no están tan definidos como los municipales, ya que en el escalafón territorial comprendido entre el nivel municipal y el regional autonómicos se encuentran otras entidades como las islas y, en el caso de que se creen por la legislación autonómica, las comarcas y áreas metropolitanas. Además en las Comunidades Autónomas uniprovinciales los intereses y la representación provincial quedan integrados en la propia comunidad y, finalmente, las competencias provinciales más precisas se definen en la legislación vigente tan solo en la relación con la cooperación y asistencia al desempeño de los servicios obligatorios municipales, es decir suponen la superposición los intereses provinciales de otros que son primariamente municipales.

La provincia es, tal y como hemos indicado anteriormente siguiendo al profesor Luciano Parejo Alfonso[32], por un lado un elemento histórico, puesto que su configuración y funciones básicas durante la época contemporánea han sido asimiladas por el sustrato sociológico, y en segundo lugar tiene una significación a nivel de segundo superior escalón de la administración local, con la regulación constitucional y un reconocimiento de los Estatutos de Autonomía con carácter general, cuestión aparte es el caso peculiar de Cataluña y su reflejo final en la legislación básica estatal, especialmente en la Ley 7/1985 Reguladora de las Bases del Régimen local y en la legislación orgánica reguladora del régimen electoral, que también tiene una vertiente funcional, puesto que la provincia, tal y como la considera Parejo, es una instancia ubicada entre los principios de solidaridad y equilibrio intermunicipales que asegura la plena funcionalidad de la administración local en la estructura total del poder publico administrativo.

Este carácter de entidad local de la provincia es una interpretación lógicamente de un legislador ordinario y no del Constituyente, puesto que la consideración de la provincia a nivel constitucional es diferenciada de la municipal, tal y como se refleja en el artículo 137 de la Constitución, siendo la legislación básica en materia de contratos, o de procedimiento administrativo,o la propia ley reguladora de bases de régimen local, la que integra a la provincia dentro del entramado de la administración local, al asimilarla a las entidades integrantes de la administración local, dado que el art 141.1 CE habla de provincia u otras corporaciones.

---

[31] Luis COSCULLUELA MONTANER. "Manual de derecho administrativo" 27ª edición p. 267. Civitas-Thomson- Reuters 2016.

[32] Luciano PAREJO ALFONSO Op cit"La provincia como Entidad local", Págs., 36 a 110 de "La Provincia en el sistema constitucional" Op cit.

De esa asimilación de la provincia a la administración local, que es clásica, pero, que pudiera haber sido variada, no solo por ese reflejo del precepto constitucional, el articulo 137 diferencia claramente el nivel municipal del provincial, sino por la posibilidad que la ley del proceso autonómico 12/1983 contenía de delegar funciones autonómicas en la administración ordinaria de las comunidades autónomas en las provincias, no ha sido contemplada y nos encontramos claramente ante una entidad local de segundo grado corporativa.

De hecho, las diputaciones como hemos apuntado son los embriones, o por lo menos entes propiciadores, de los procesos autonómicos, tal y como se deriva del artículo 143 de la Constitución, y como han señalado Sebastián Martín Retortillo, en las obras citadas y por otra parte Morell Ocaña[33].

En este sentido debemos señalar que la operatividad del artículo 152.3 de la Carta Magna, que posibilita a los Estatutos de Autonomía, en principio previsto para el 151 pero que se ha generalizado al resto de ellos, la capacidad de las comunidades autónomas de establecer una organización territorial de carácter comarcal, basada en la agrupación de municipios, no contradice la referencia constitucional a la existencia necesaria de las referidas diputaciones provinciales, en este aspecto significativo, tal y como señala Sebastián MARTÍN RETORTILLO[34], que el reconocimiento de los términos recogidos en el artículo 5° del derogadoEstatuto de Autonomía de Cataluña aprobado, por Ley Orgánica 4/1979 de 18 de diciembre, se hace precisamente a la organización territorial de Cataluña en municipios y comarcas, así como en demarcaciones supracomarcales, que hoy entenderemos referido a municipios, comarcas y Veguerías por el art 2°.3,de la LO 2/2006, de 19 de Julio, de reforma del Estatuto de Cataluña.

Dicho reconocimiento, según se recoge por el citado autor, lo es sin perjuicio de la organización de la provincia como entidad local y como circunscripción territorial para el cumplimiento de las actividades del Estado, de conformidad con lo previsto en los artículos 137 y 141 de la Constitución. Dicha precisión es, a juicio de Martín Retortillo, importante, puesto que supone, ni más ni menos, que el reconocimiento explícito de las diputaciones al que obviamente es preciso dar un sentido y un alcance, una valoración que todavía tiene mayor sentido si se considera que las determinaciones sobre la provincia como entidad local que fue expresamente introducida mediante la tramitación parlamentaria del texto en la Comisión constitucional del Congreso y que no figuraba en el proyecto de estatuto presentado a las Cortes por el Estatuto de Nuria.

Ahora bien, la organización provincial preexistente al hecho autonómico y recogida en el artículo 137 con carácter general como división territorial, y 141 en cuanto a su entidad con el específico carácter de entidad local representativa, se contempla en los distintos Estatutos como algo diferenciado de la organización de las Comunidades Autónomas por su origen pre-estatutario y por lo tanto como un

[33] Luis Morell Ocaña. "Configuración y ordenación territorial de las Comunidades Autónomas"publicado en la Revista de Derecho Administrativo n° 31. Civitas.

[34] Sebastián Martín Retortillo. "La provincia: pasado, presente y futuro" p. 112.

hecho físico jurídico y político que deben asumir las correspondientes comunidades autónomas.

Por tanto, podemos recoger esa diferenciación de la organización de las comunidades que tiene también unas consecuencias como señala Retortillo de diferenciación de la organización territorial del Estado y ello sin perjuicio de que alguna de las comunidades asuman también la división provincial como base territorial de su organización administrativa.

No obstante, la voluntad de los legisladores autonómicos no siempre ha sido de respeto hacia la provincia, y hecho claro y ejemplar de dicha actuación es la ley de transferencia urgente y plena de las competencias de las diputaciones provinciales a la Generalitat de Cataluña, que fue objeto de recurso de inconstitucionalidad y de la posterior sentencia 32/1981, de 28 de julio, en la cual el Tribunal Constitucional precisó su posición insistiendo en la garantía institucional de la autonomía local expresamente referido a las diputaciones provinciales reflejando que, *"no precisa la Constitución cuáles sean esos intereses ni cuál es el haz mínimo de competencias que para atender su gestión debe el legislador atribuir a la provincia"*, fundamento jurídico tercero; Pero por tanto, manteniendo esa garantía institucional de hecho, la posterior Sentencia del Tribunal Constitucional 84/1982 de 23 de diciembre, establece en su fundamento jurídico cuatro *"los entes locales (municipios y provincias), tienen autonomía constitucionalmente garantizada por la gestión de sus respectivos intereses (artículo 137 de la Constitución española); la determinación de cuales serán esos intereses es obra de la ley que les atribuye consecuencias concretas"*, por tanto, el reconocimiento de esa garantía operada por el 137 de la Constitución en cuanto al ámbito concreto de actuación y su concreción es una tarea del legislador ordinario, circunstancia esta que el Tribunal Constitucional en su Sentencia 27/1987, de 27 de febrero, fundamento jurídico 2º, precisa al señalar que *"la Constitución garantiza la autonomía de las provincias para gestión de sus propios intereses, artículo 137, encomendando su gobierno y administración a diputaciones y otras corporaciones de carácter representativo, artículo 141.2, como este Tribunal ha precisado en repetidas ocasiones"*, Sentencias del Tribunal Constitucional 4/81 y 32/81 fundamentalmente, dicha autonomía hace referencia a la distribución territorial del poder del Estado en el sentido amplio del mismo y debe ser entendida como un derecho de la comunidad local a participar a través de sus órganos propios en el gobierno y administración de cuantos asuntos le atañen, constituyendo en todo caso un poder limitado que no puede oponerse al principio de unidad estatal. La concreta configuración de la autonomía provincial corresponde al legislador, incluyendo la especificación del ámbito material de competencias de la entidad local, así como las fórmulas e instrumentos de relación con otras entidades públicas y el sistema de controles de legalidad constitucionalmente legítimos.

El máximo conflicto que pudiera darse entre diputaciones y provincias, dejando aparte los elementos anteriores, es el referido al plan de cooperación para las obras y servicios que todas las diputaciones deben realizar conforme a lo dispuesto en el artículo 59 de la ley reguladora de bases del régimen local. Dicho plan, máximo elemento y factor de poder de las diputaciones, puesto que a través de él se articulan sus funciones de cooperación y asistencia tal y como recoge Alejandro NIETO[35], ha sido objeto de ataques directos a través del plan único de obras y servicios en Cataluña, que tiene como base la propia redacción del artículo 36.2.a) de la Ley Reguladora de Bases al señalar *"sin perjuicio de las competencias asumidas por el Estatuto de Autonomía"* a la cual Nieto señala el caso valenciano, y de las anteriormente asumidas y ratificadas por éstos que es la referida al caso de Cataluña, puesto que ya la mancomunidad de Prat de la Riba y desde luego la Generalitat republicana y en la preautonomía, establecida por el Real Decreto Ley 20/1978, las entidades referidas aúnan esa gestión única de los planes de gestión de obras y servicios para todo el territorio catalán, y así la competencia de la comunidad autónoma puede ejercerse por ésta, en el régimen que ella considere de autoorganización y por tanto delegar o transferir la ejecución de realización concreta y diseño y preparación del plan único en cada territorio comarcal a la que corresponden las comarcas, mientras que en el caso valenciano además de la coordinación atribuida a la comunidad autónoma por la ley de coordinación de diputaciones provinciales, reconocida su constitucionalidad por la Sentencia 27/1987, de 27 de febrero.

Abordando ya el tema que nos ocupa, las provincias y sus competencias, debemos de referirnos en primer lugar al artículo 141 de la Constitución Española que establece que la provincia es una entidad local con personalidad jurídica propia, determinada por la agrupación de municipios y división territorial para el cumplimiento de las actividades del Estado. Cualquier alteración de los límites provinciales habrá de ser aprobada por las Cortes Generales mediante ley orgánica. En su punto 2 del referido artículo establece que el Gobierno y la administración autónoma de las provincias estarán encomendados a Diputaciones[36] u otras corporaciones de carácter representativo. También se podrán crear agrupaciones de municipios diferentes de la provincia, tal y como se desprende del parágrafo tercero del citado artículo 141, por lo que no existe una exclusividad *"provincial"* en el ámbito de representación supramunicipal en los archipiélagos, las Islas gozarán además su administración propia en forma de Cabildos[37] o Consejos.

Del artículo 141.1 de la Constitución Española por tanto se desprende que la provincia es un ente local cuya jurisdicción se extiende sobre el territorio de un conjunto de municipios delimitados de acuerdo con la división general del citado territorio para la prestación de los servicios estatales. La provincia es, por tanto, un

[35] Alejandro NIETO. "Cooperación y asistencia." pp. 154 a 161 de "La Provincia en el sistema constitucional." Op. Cit.

[36] Las administraciones públicas ejercen sus competencias de acuerdo con los principios de colaboración, cooperación y coordinación interadministrativa, sin perjuicio del respeto al Principio de Autonomía garantizado constitucionalmente a las Diputaciones Provinciales y a la Comunidad Autónoma.

Las Diputaciones Provinciales gestionaran competencias de la comunidad cuando desde el ámbito provincial se mejore la eficacia en la gestión de los servicios públicos. En este caso, la Administración Autonómica se reserva una serie de facultades de dirección y control de las competencias delegadas, configurándose esta técnica como un eficaz instrumento de colaboración en un sistema de administración compartida.

[37] La atribución de competencias a estos puede verse en el Decreto 236/1997, de 30 de septiembre, por el que se regula la organización y el funcionamiento de la Comisión de Transferencias de competencias a los Cabildos Insulares (B.O.C. 130, de 8.10.97) y así un estudio de estas instituciones véase en Mª José Sarmiento Acosta "Los Cabildos insulares" Revista de Estudios de Administración Local núm. 291, (2003), Volumen-Homenaje al Profesor Sebastián Martín Retortillo, pp. 1085-1087.

ente local, desprendiéndose por tanto que son entes territoriales de segundo grado. No son básicos como los municipios, se forman por la agrupación de municipios. Existe, por tanto, una contradicción desde el punto de vista de la simplificación administrativa entre la consagración de la garantía institucional del artículo 141 y la STC 32/1981 para la Diputación y la posibilidad de crear otras agrupaciones de municipios distintas a la provincia del propio artículo 141.3, al menos desde el punto de vista de la Administración supramunicipal.

Por otra parte, las provincias son como hemos indicado anteriormente circunscripciones electorales estatales y sirven a la administración periférica estatal.

En la LRBRL no se hace referencia, ni a la población, ni al territorio de las provincias, dado que son la suma de la población y del territorio de todos los municipios, por ese carácter de corporación de segundo grado.

Las provincias tienen fines generales, también son administraciones generales corporativas, pero debemos destacar que en las leyes sectoriales especialmente los de las Comunidades Autónomas apenas se atribuyen competencias específicas a las provincias. En la práctica, por tanto las competencias se limitan a aquellas que sirvan de apoyo, asistencia y cooperación de los municipios, pudiendo no obstante ejercer funciones de otras Administraciones Públicas por delegación conforme el artículo 37 LRBRL.

Las provincias se organizan en cuanto entes locales en Diputaciones Provinciales pero, la Constitución, en el artículo 141.2 permite que el Gobierno y administración de las provincias esté encomendado a otras corporaciones de carácter representativo. Por tanto, en el régimen general, el elemento central es la Diputación provincial, que se compone de pleno, presidente, vicepresidentes y la comisión de Gobierno (artículo 32 LRBRL).

El pleno es el máximo órgano de Gobierno que se compone de los diputados provinciales que se eligen de manera indirecta, por y entre los concejales de los municipios que integran la provincia y de acuerdo con la LOREG. El Presidente se elige en la sesión constitutiva de la diputación, y éste los nombra de entre personas de su confianza.

La Ley de Bases de Régimen Local en su artículo 1.2 recoge que la provincia, y en su caso la Isla gozan, asimismo de idéntica autonomía para la gestión de los intereses respectivos.

Las provincias y las Islas tienen por tanto derecho a intervenir en cuantos asuntos afecten directamente al círculo de sus intereses, atribuyéndoles las competencias que proceda en atención a las características de la actividad pública de que se trate y a la capacidad de la gestión de la entidad local, de conformidad con los principios de descentralización y de máxima proximidad de la gestión administrativa de los ciudadanos. Las provincias son entidades locales territoriales tal y como se recoge en los artículos 31 a 40 de LRBRL y 25 a 34 del RDLeg 781/1986 de 18 abril.

Las provincias también tendrán plena capacidad jurídica para adquirir, poseer, reivindicar, permutar, gravar o enajenar toda clase de bienes, celebrar contratos, establecer y explotar obras o servicios públicos, obligarse, interponer los recursos establecidos y ejercitar las acciones previstas en las leyes.

Por lo que se refiere a las competencias de las provincias[38], reseñaremos que estas son propias o atribuidas por delegación, y sólo podrán ser determinadas por ley; las competencias propias se ejercen en régimen de autonomía y bajo la propia responsabilidad atendiendo siempre a la debida coordinación en su programación y ejecución con las demás Administraciones Públicas, existiendo leyes específicas de diversas Comunidades Autónomas que recogen funciones provinciales de interés para la propia Comunidad(Asi la ley andaluza 5/2010, de 11 de junio, de autonomía local, recoge en su art 3.3 *La provincia es una entidad local, determinada por la agrupación de municipios, cuya principal función, de conformidad con los mismos, es garantizar el ejercicio de las competencias municipales y facilitar la articulación de las relaciones de los municipios entre sí y con la Comunidad Autónoma de Andalucía.* Las competencias atribuidas se ejercen por su parte en los términos de la delegación, que puede prever técnicas de dirección y control de oportunidad que, en todo caso, habrán de respetar la potestad de autoorganización de los servicios de la Entidad local.

La Diputación tiene como principal fin, por tanto, la cooperación a la efectividad de los servicios municipales, preferentemente de los obligatorios, aplicando a tal cometido:

a) Los medios económicos propios de la misma que se asignen.
b) Las subvenciones o ayudas financieras que concedan el Estado o la Comunidad Autónoma.
c) Las subvenciones o ayudas de cualquier otra procedencia.
d) El producto de operaciones de crédito.

La cooperación podrá ser total o parcial, según aconsejen las circunstancias económicas de los Municipios interesados, ahora bien el contenido de esta cooperación dado el carácter voluntario deberá articularse a través del correspondiente convenio de colaboración.

Los servicios a que debe alcanzar la cooperación serán, en modo preferente, los relacionados como mínimos y obligatorios en el artículo 26 de la Ley 7/1985, de 2 de abril.

La preferencia entre los distintos servicios mínimos a que alude el número anterior, se determinará sobre la base de los objetivos a que se refiere el artículo 36.2.a) de la Ley 7/1985, de 2 de abril, atendiendo a las circunstancias de cada Municipio y con respeto de las prioridades sectoriales que se determinan en la forma establecida en el artículo 59 de dicha Ley.

[38] Acerca de las competencias de las provincias véase Mª Teresa Carballeira Rivera "La provincia en el sistema autonómico español" Marcial Pons- Universidad de Santiago, 1993, y F.J. Díaz Revorio y E. Belda Pérz-Pedrero "La provincia y la diputación. Antecedentes, configuración constitucional y algunos argumentos a favor y en contra de su permanencia" REALA núm. 284, Septiembre-Diciembre 2000. Una orientación particular de su futuro la tenemos en José Miguel Carbonero Gallardo "La provincia de régimen común" pp. 27 a 52 de Op. Cit. "La intermunicipalidad en España" que apunta diversos comentarios de asesoramiento y concertación.

También las Diputaciones deben cooperar en la elaboración de planes territoriales y urbanísticos, redacción de proyectos, dirección de obras o instalaciones, informes técnicos previos al otorgamiento de licencias y gestión tributaria, construcción y conservación de caminos y vías rurales y demás obras y servicios de la competencia municipal. Aunque dicho *"deber"* es más teórico y esta sometido a las disponibilidades presupuestarias y a la vitalidad política.

Pero el mundo local no se agota en los municipios, es más normalmente los Municipios, dado el sistema latino de fragmentación y de gran número de municipios, (8.106 en enero de 2015) en nuestro país, igual que en Francia e Italia), requieren de un complemento, que históricamente ha venido siendo ejercido por la Entidad supramunicipal de carácter local por excelencia, que era la Diputación Provincial.

Ahora bien dentro del ámbito de competencias, funciones y capacidades de las Administraciones Públicas, en relación con lo local, podemos distinguir dos cuestiones claras: por un lado el ámbito municipal y por otro lado las cuestiones supramunicipales, pero de naturaleza local.

En relación con lo supramunicipal[39] podemos distinguir a nuestro juicio entre de una parte, funciones propias que requieren de una entidad coordinadora o superior a los intereses meramente municipales y de otra asuntos que requieren de cooperación o de colaboración interadministrativa entre diversos Municipios, para asumir funciones, que o bien no pueden llevar a cabo los Municipios por si mismos dado su escaso tamaño, o bien requieren necesariamente de esa cooperación interadministrativa.

La Diputación, basada en su fundamento constitucional en el artículo 141 de la Carta Magna y la reiteradamente citada Sentencia del Tribunal Constitucional 32/1981 sobre la Ley de Diputaciones Catalana, tiene garantía institucional y por tanto es el elemento organizativo característico del tipo de espacio supramunicipal conocido como provincia. Aunque la existencia de lo supramunicipal sólo en torno a las Diputaciones Provinciales, es más que discutible con carácter general, no por su fundamento constitucional, a nuestro juicio insoslayable, sino por el profundo embate de la legislación autonómica y de las posibles modificaciones, especialmente desde Cataluña, del contenido de estas corporaciones representativas de intereses provinciales.

Debemos señalar que la Constitución es bastante clara al respecto y la Doctrina del Tribunal Constitucional frente a los intentos de supresión de las Diputaciones ha sido bastante más clara también. Por todas es especialmente reseñables las Sentencias del Tribunal Constitucional de 28 de julio de 1981, ya referida sobre la Ley de transferencia urgente y plena de las Diputaciones provinciales a la Generalitat y la más reciente 31/2010, sobre el nuevo Estatuto de Cataluña, sobre cuyos aspectos posteriormente reabundaremos.

Toda vez que el artículo 137 de la Carta Magna caracteriza la provincia como uno de los niveles territoriales de la organización territorial del propio Estado,

[39] Tras el denominado "Libro blanco del gobierno local" se ha empezado a calificar este espacio como "Intermunicipal" en vez de "supramunicipal", editándose por el MAP en Diciembre de 2005 "La Intermunicipalidad en España", Obra colectiva dirigida por José Miguel Carbonero Gallardo, que aborda la materia.

que además corresponde a las Diputaciones Provinciales o corporaciones representativas, la gestión con otro medio de los intereses de ese ámbito, por lo cual, tal y como afirma el Profesor MARTÍN RETORTILLO[40], dicho reconocimiento de las Diputaciones Provinciales tiene como base la necesariedad y la generalidad, no implicando dicho reconocimiento un carácter puramente nominal, sino que implica necesariamente asumir la existencia de dichas corporaciones y un núcleo mínimo competencial para estas.

Ahora bien, tal y como afirma SANTAMARÍA PASTOR[41], y acertadamente a nuestro juicio con raíces en Martín Retortillo, existe la posibilidad hoy en su día intentada por el Gobierno del Tripartito Catalán, de articulación respetando el término provincial de corporaciones distintas de la Provincia, o bien variando los términos provinciales, lo cual es perfectamente posible mediante Ley Orgánica estatal obviando la estructura de Javier de Burgos, o bien unificando en Cataluña las cuatro provincias en una sola provincia y creando una Comunidad Autónoma uniprovincial, o bien instituyendo un número superior de provincias para que éstas se caractericen por las históricas o historizantes Veguerías o regiones internas de Cataluña, que ya se apuntaban en el bloque de ordenación territorial de 1987 y se recogen en el *"Estatut"*, aprobado por Ley Orgánica 6/2006, de 19 de julio, de reforma del Estatuto de Autonomía de Cataluña, atribuyéndose a dichas Veguerías gobierno como instituciones provinciales en su versión de otras corporaciones representativas del interés de la Provincia, con los límites indicados en la STC 31/2010, aunque su implantación ha sido suspendida por ley del Parlamemt con carácter provisional ya desde 2010.

No obstante, debemos recordar que dicho argumento sobre otras corporaciones representativas del interés de la Provincia para el gobierno de éstas, está previsto en la Carta Magna, tal y como hemos señalado, tanto para las Islas como para las Diputaciones Forales de los territorios vascos, por lo que no parece muy adecuada esa argumentación ni al espíritu constituyente en otros supuestos.

III

El tercero de los conceptos sobre el cual realizar una breve reflexión previa al libro de Margarita Parrilla es el de reglamento. La capacidad para dictar reglamentos es una de las capacidades inherentes a la naturaleza del ejecutivo, eso si en un Estado de derecho como el nuestro claramente supeditada a la Ley.

Así el art 97 de la Carta Magna recoge de forma expresa la potestad reglamentaria referida al gobierno, en este caso de la Nación, pero que todos los Estatutos de autonomía recogen de forma expresa para las correspondientes instituciones de las CCAA y como veremos las leyes así lo hacen para las EELL.

[40] Sebastián MARTÍN RETORTILLO. Op. Cit. "La Provincia. Pasado, presente y futuro", p. 63.

[41] Juan Alfonso SANTAMARÍA PASTOR, "Notas sobre la sentencia de las Diputaciones Provinciales" REDC núm. 6, 1982, pp. 179-208.

Esta potestad no tiene un carácter uniforme, sino que su alcance, contenido e importancia variará en función de la Administración Pública ante la que nos encontremos. El poder para dictar normas reglamentarias está reconocido constitucionalmente(conforme a la noción de autonomía del art 137) en favor de los entes públicos territoriales (Estado, CCAA y Entes Locales), aunque también existen referencias en la Carta Magna y las leyes a la potestad reglamentaria de otros entes públicos no territoriales[42] Podemos concluir, pues, que tienen atribuida la potestad reglamentaria todas las personas jurídico-públicas a las que la Constitución o una ley se la confiera[43]. No obstante esta cuestión no es pacífica ni doctrinal, ni conceptualmente.

De acuerdo con lo que acabamos de señalar podemos definir el reglamento como aquella norma escrita, con rango inferior a la ley, dictada por la Administración Pública o por los órganos jurídico-públicos que la tengan atribuida legalmente. Esta definición de carácter general no puede hacernos perder de vista la inexistencia de una forma reglamentaria única, sino que existen una pluralidad de manifestaciones reglamentarias que, por lo que hay que atender al contenido de estas manifestaciones para determinar si nos encontramos ante una disposición general reglamentaria o, simplemente, ante un acto administrativo revestido del ropaje reglamentario, distinción ésta que no tiene un carácter baladí ya que el régimen jurídico aplicable será muy distinto en función de que nos encontremos ante un reglamento o un simple acto administrativo (así el procedimiento de elaboración; mecanismo a utilizar para la eliminación -derogación o revocación-; nulidad ..., etc).

Dicha potestad esta lógicamente vinculada en principio con carácter general y dejando al margen las posibilidades de entidades de derecho público no territoriales,como cualquier Estado a un territorio y así de las diversas tipologías en que puede derivarse la articulación de las competencias de la Administración pública, la primera de las distinciones a que se suele acudir, tanto por los autores como por los dirigentes políticos, es al hecho territorial; puesto que cualquier organización que se preste debe pretender alcanzar en sus capacidades a todo el ámbito físico de actuación referido a su esfera de competencias.

Visto ese marco de entidades territoriales dotadas de potestad reglamentaria, podemos señalar con MELERO ALONSO[44], que partiendo de la atribución constitucional de la potestad reglamentaria, la potestad reglamentaria del gobierno no

---

[42] Así a título de ejemplo el art. 27.10 en la medida en que reconoce la autonomía universitaria; más aún, a determinados entes que no son en modo alguno Administración Pública como el Tribunal Constitucional o el Consejo General del Poder Judicial).

[43] La regulación de esa potestad reglamentaria del gobierno se recoge en la modificación que de la Ley del gobierno 50/1997, de 27 de noviembre realiza la disposición final tercera punto doce de la LRJSP 40/2015, que señala: *El Gobierno ejercerá la iniciativa y la potestad reglamentaria de conformidad con los principios y reglas establecidos en el Título VI de la Ley 39/2015, de 1 de octubre, del Procedimiento Administrativo Común de las Administraciones Públicas y en el presente Título.*

[44] MELERO ALONSO, Eduardo, *Reglamentos y disposiciones administrativas: análisis teórico y práctico*, Editorial Lex-Nova, Valladolid, marzo 2005, p. 85.

procede de una atribución legislativa, sino de una atribución directa y expresa de la Constitución, circunstancia ésta que ya afirmara Ignacio DE OTTO[45].

El Gobierno tiene por tanto en nuestro sistema una potestad reglamentaria originaria, en tanto en cuanto deriva de la propia Constitución, circunstancia ésta que se matiza por GALLEGO ANABITARTE y MENÉNDEZ REXACH[46], en el sentido de que se considera que el fundamento de la potestad reglamentaria del Gobierno en su conjunto es constitucional, pero su ámbito es legal, mientras que el fundamento y ámbito de la potestad reglamentaria de los Ministros es tan sólo legal.

Así, al Gobierno se le reconoce un mayor margen de decisión en el ejercicio de la potestad reglamentaria, entendiéndose que la atribución de dicha potestad reglamentaria se hace al margen de la función ejecutiva, puesto que se contraponen en el art. 106.1 de la Carta Magna, la potestad reglamentaria y la actuación administrativa. Por tanto, se podría llegar a afirmar que no era necesaria una habilitación legal específica para dictar reglamentos, prescindiéndose de la clásica distinción entre dicha inexistencia para la regulación organizativa interna de la administración o regulación «ad intra», frente a la igualmente clásica necesidad de una expresa atribución legal de dicha potestad para las regulaciones «ad extra», esto es, hacia los ciudadanos o potestad reglamentaria general y no organizativa.

En ese sentido nuestra doctrina[47] y jurisprudencia claramente han precisado la necesidad de esa expresa habilitación legal o reserva de ley para el ejercicio de la potestad reglamentaria, a excepción de las determinaciones organizativas de las administraciones públicas, a las que hemos hecho referencia anteriormente.

Ahora bien la capacidad para dictar reglamentos debe diferenciarse de la capacidad de dirección de los servicios públicos por parte de las autoridades correspondientes y la lógica y consecuente de dictar las correspondientes instrucciones de servicio en base a la relación jerárquica prevista en el art 103.1 de la Carta Magna, que ahora se recoge en la LRJSP 40/2015[48].

Así con carácter general, la derogada LRJAPC sólo recogía dos preceptos directos en relación con las disposiciones administrativas de carácter general, que son los ubicados en los arts. 51 y 52 de dicha norma, sobre jerarquía y competencia, y publicidad e inderogabilidad singular, a los cuales debemos adicionar en sentido negativo la determinación del art. 62.2 sobre la nulidad de pleno derecho de las

---

[45] DE OTTO Y PARDO, Ignacio, *Derecho Constitucional. Sistema de fuentes*, Ariel, Barcelona 1988, p. 222.

[46] GALLEGO ANABITARTE, Alfredo y MENÉNDEZ REXACH, Ángel «Artículo 97: funciones del Gobierno», dentro de la obra colectiva dirigida por ALZAGA VILLAMIL Óscar, *Comentarios a la Constitución española de 1978,* Tomo VIII, arts. 97 a 112, Edersa, Madrid, 1998, pp. 42 a 208, y en concreto p. 164.

[47] Así por ejemplo, COSCULLUELA MONTANER, Luis *Manual de derecho administrativo* Thomson-Civitas, 27.ª edición, 2016, p. 111.

[48] Así el artículo 6, bajo el enunciado Instrucciones y órdenes de servicio establece:

1. Los órganos administrativos podrán dirigir las actividades de sus órganos jerárquicamente dependientes mediante instrucciones y órdenes de servicio.

Cuando una disposición específica así lo establezca, o se estime conveniente por razón de los destinatarios o de los efectos que puedan producirse, las instrucciones y órdenes de servicio se publicarán en el boletín oficial que corresponda, sin perjuicio de su difusión de acuerdo con lo previsto en la Ley 19/2013, de 9 de diciembre, de transparencia, acceso a la información pública y buen gobierno.

2. El incumplimiento de las instrucciones u órdenes de servicio no afecta por sí solo a la validez de los actos dictados por los órganos administrativos, sin perjuicio de la responsabilidad disciplinaria en que se pueda incurrir.

citadas disposiciones administrativas que vulneren la Constitución, las leyes u otras disposiciones administrativas de rango superior, las que regulen materias reservadas a la ley y las que establezcan la retroactividad de disposiciones sancionadores no favorables o restrictivas de derechos individuales, conforme se recoge tanto en la traslación al ámbito de la potestad reglamentaria de las determinaciones del art. 9.3 de la Constitución Española de 1978, 1.2 del Código Civil y 51 y 115 de la propia LRJAPC.Hoy en la LPCAP se establece en el art 128[49].

Cabe recordar que la potestad reglamentaria tiene una configuración constitucional, en tanto en cuanto el art. 97 de la Carta Magna se la atribuye al Gobierno, atribución que debemos entender hoy claramente referenciada a todas las administraciones públicas, al menos las de carácter territorial que están dotadas expresamente de dicha potestad y en ese sentido los arts. 23 y 24 de la Ley del Gobierno 50/1997, de 27 de noviembre, recogen tanto la potestad reglamentaria en sí misma, como el procedimiento de elaboración de los Reglamentos para el ámbito estatal.

Así, por lo que se refiere a las diversas Comunidades Autónomas,la expresa posibilidad de ostentar la potestad reglamentaria por parte de las administraciones de éstas, queda reflejada en los diferentes Estatutos de Autonomía[50] .

Por otro lado, en cuanto a los tres niveles territoriales en que la organización territorial del Estado se articula, conforme lo previsto en el art. 137 de la Carta Magna, las entidades locales gozan de potestad reglamentaria en el ámbito previsto, por un lado por la legislación básica del Estado y en concreto por la Ley 7/1985 de 2 de abril, Reguladora de las Bases de Régimen Local, y conforme a dicha determinación básica, por la remisión o no a la legislación de desarrollo de las diferentes Comunidades Autónomas, sobre régimen local, que en los Estatutos Catalán y Andaluz son muy extensas.

En una primera instancia, debemos recordar que el art. 4.º de la citada LRBRL, otorga potestad reglamentaria a los municipios, circunstancia ésta que debemos entender extendida igualmente a las Diputaciones Provinciales u otras corporaciones representativas de carácter provincial y naturaleza local, como las Diputaciones Forales, y en su caso, conforme determine el Tribunal Constitucional, las veguerías u otras corporaciones de carácter local. Así como por referencia en igual medida al art. 141 de la Ley de leyes a los cabildos y Consells insulares en los archipiélagos Canario y Balear.

[49] El texto de la LPCAP debe de complementarse con la nueva redacción que del art 24 de la Ley del gobierno realiza la disposición final Tercera. doce de la LRJSP. Referida al procedimiento para el ejercicio de la potestad reglamentaria del gobierno de la Nación.

[50] Así, por ejemplo, en el caso de la Comunidad Autónoma de Madrid, el art. 22.1 de dicho Estatuto aprobado por Ley Orgánica 3/1983, de 25 de febrero, recoge la potestad reglamentaria conferida al gobierno de la Comunidad de Madrid, en materia no reservada en dicho Estatuto a la Asamblea, estableciéndose diversos ámbitos de la potestad reglamentaria en los arts. 27.2 del Estatuto en relación con las materias de competencia exclusiva, y en el 28.2 en relación con las materias respecto de las que la Comunidad Autónoma goce de competencias para el desarrollo de la legislación básica del Estado. Por otro lado, en el caso de Canarias, su Estatuto de Autonomía, aprobado por Ley Orgánica 10/1982 de 10 de agosto, recoge en su art. 15.2 que al gobierno de Canarias le corresponde la potestad reglamentaria. Esta función es expresamente recogida, como no puede ser de otra manera, por el art. 13 de la Ley 1/1983, de 14 de abril, del Gobierno y la Administración pública de la Comunidad Autónoma de Canarias.

Partiendo por tanto del expreso reconocimiento de la potestad reglamentaria local en el art 4º de la LRBRL, deberemos de iniciar el análisis en cuanto a nivel territorial de la denominada Administración local cuya principal característica es la pluralidad de entidades a la cual nos enfrentamos. Toda vez que al igual que el Estado tiene en cada ordenamiento jurídico un carácter único, tal y como hemos señalado, por ser titular de la soberanía y las Comunidades Autónomas, por su carácter novedoso, tienen a su vez personalidad jurídica determinada y de carácter derivado, las entidades locales, pese a su carácter primigenio, están esparcidas por todo el territorio nacional, por su carácter de último nivel territorial del Estado.

Por otra parte, y con igual formula el artículo 1º de la Ley 7/1985, de 2 de abril, Reguladora de las Bases de Régimen Local, recoge ese carácter de primer nivel territorial de la organización del Estado por parte de las Administraciones locales, y en concreto del municipio.

No obstante, debemos resaltar con GALÁN GALÁN[51], quien pese a que a veces utiliza el término de forma indistinta, no coincide la categoría de las normas locales con la de las normas municipales, en la medida que no sólo los municipios, sino también otros muchos tipos de entes locales disponen de la potestad de dictar sus propias normas tales como las Provincias, la Comarcas, las Áreas Metropolitanas, entre otros.

Tal y como reconoce el citado autor, la distinción más importante sin embargo, es aquella que distingue las normas municipales, provenientes por tanto de los municipios, de las normas provinciales, procedentes de las provincias, en tanto que proceden de los dos tipos de entes locales de mayor relevancia. Complementariamente a dicha clasificación, podemos hablar, conforme afirma GALAN[52], podemos agrupar las normas procedentes de un mismo sujeto, en atención al concreto órgano, que dentro de ese ente las ha dictado, circunstancia ésta que debemos de hacer especial hincapié en relación con las normas municipales, entre las cuales podemos hablar de normas del Pleno y de las normas del Alcalde, siendo posible añadir un tercer tipo a las dos precedentes, en opinión del citado autor(que no compartimos[53]), que son las normas dictadas por la Junta de Gobierno Local, un tercer tipo a las dos precedentes, en opinión del citado autor, que son las normas dictadas por la Junta de Gobierno Local[54].

Así, de forma tradicional, las normas municipales dictadas por el Pleno son las Ordenanzas y el Reglamento Orgánico, mientras que las «normas» que puede dictar el Alcalde[55], son los bandos, aunque ha quedado claro de forma histórica, que los

---

[51] GALÁN GALÁN, Alfredo *La potestad normativa autónoma local,* Atelier, 2001, pp. 271-272.

[52] GALÁN GALÁN, Alfredo *op. cit.*, p. 272.

[53] Así tal y como indica SÁNCHEZ GOYANES, Enrique "La potestad normativa del municipio español". Publicaciones Abella. El Consultor de los Ayuntamientos y los Juzgados. 2000. Pág. 105, *un somero examen de la legislación estatal aplicable demuestra con rotundidad que, en nuestro sistema actual, el Alcalde carece de la más mínima participación en el ejercicio de la potestad reglamentaria municipal. Es decir, el Alcalde no puede por sí mismo innovar el ordenamiento local».*

[54] Entendemos que el único órgano, para cualquier tipo de Entidad local dotado de potestad reglamentaria es el pleno municipal.

[55] GALÁN GALÁN, Alfredo en *op. cit.*, p. 276 señala . la capacidad normativa que la Carta municipal de Barcelona, aprobada por la Ley autonómica de Cataluña 22/1998, le atribuye a los denominados decretos

bandos no tienen ese carácter normativo, a excepción de las circunstancias previstas en el art. 21 de la LRBRL, de adopción de medidas excepcionales en el supuesto de grave perjuicio o catástrofe que se le atribuyen junto a otras muchas funciones con dicho carácter excepcional y temporal al alcalde en funciones, también de carácter normativo.

Así con carácter previo a la aprobación inicial debe someterse el proyecto de Ordenanza a conocimiento de la Comisión informativa correspondiente conforme al art. 20.1 c) de la LBRL, antes de su remisión al Pleno. La STS de 8 de marzo de 2001 destaca el carácter preceptivo, aunque no vinculante, del dictamen de la Comisión Informativa en los asuntos cuya decisión corresponde al Pleno de la Entidad local.

En los municipios (y Cabildos insulares canarios) sujetos al régimen organizativo previsto en el Título X de la LBRL, los proyectos de Ordenanzas y Reglamentos –con la única excepción de las normas reguladoras del Pleno y sus Comisiones–, son aprobados por la Junta de Gobierno Local (art. 127.1 de la LBRL), y posteriormente se remitiran a la correspondiente Comisión del Pleno, conforme al art art. 122.4 LRBRL.

Atendiendo al régimen organizativo que se haya dado la entidad local, así como a las fórmulas de participación reglamentadas (art. 70 bis), en ocasiones habrán de intervenir también en la elaboración de las Ordenanzas determinados órganos complementarios de participación (Consejos Sectoriales, Juntas Municipales de distrito, etc.). En los municipios de gran población las Ordenanzas o Reglamentos en materia de *desarrollo económico local, planificación estratégica de la ciudad y grandes proyectos urbanos*, requerirán el informe del Consejo Social de la Ciudad conforme al artículo 131 de la LBRL.

La potestad de ordenanza se encuadra entre los medios reconocidos por la ley para intervenir la actividad de los ciudadanos, debiendo los entes locales ajustar su proceder en todo caso a los principios de igualdad de trato, necesidad y proporcionalidad con el objetivo que se persigue (art. 84 LBRL). Por eso y por imperativo del principio constitucional de eficacia de la actuación administrativa (art. 103.1 CE), el proyecto de Ordenanza deberá ir acompañado de la justificación de su oportunidad mediante los informes, estudios o consultas de rigor. Ahora con el nuevo art 132 LPCAP debería de contarse su previsión previa a un plan normativo anual y las consultas previas del art 133.

Por otro lado el art. 24.1 a) de la Ley del Gobierno exige el informe del centro directivo correspondiente sobre la necesidad y oportunidad del proyecto,así como una memoria económica que contenga la estimación del coste a que dará lugar, pero esta determinación no es aplicable a las EELL.

En la legislación sectorial, sea estatal o autonómica, podemos encontrar la obligación de incorporar informes previos a la aprobación de las Ordenanzas Locales por parte de las entidades u órganos competentes en esa materia y así por ejemplo

de alcaldía, circunstancia ésta que no puede, en nuestra opinión, ser extrapolable al resto del ordenamiento jurídico nacional, de carácter local, ni a la elaboración de las ordenanzas correspondientes o normas aplicables los organismos competentes sobre cada demarcación de aguas han de evacuarlo conforme al art. 25.4 de la Ley de Aguas, Texto Refundido aprobado por Real Decreto Legislativo 1/2001, de 20 de julio.

Como todo procedimiento local y en ausencia de determinación específica de las respectivas CCAA, el proyecto de Ordenanza habrá de llegar al órgano de aprobación con el consiguiente informe del jefe de la dependencia a la que corresponda su tramitación (Determinación establecida en el art 172 del ROF, aprobado por RD 2568/1986, de 28 de noviembre). Y con aquellos otros que el responsable corporativo de la instrucción haya juzgado necesarios (art 79.1 LPCAP). En último término habrá de incorporar el informe preceptivo del Secretario de la entidad local –y además, en su caso, del Interventor– cuando ello resulte exigido, señaladamente para la aprobación o modificaciones del Reglamento Orgánico y de las Ordenanzas urbanísticas incluidas en los respectivos PGOU. En el caso de estas últimas, siempre que formen parte de «instrumentos de planeamiento general», ya que cuando se trate de Ordenanzas municipales de policía de la edificación y de la urbanización, susceptibles de aprobación independiente, como permite la legislación sobre urbanismo de determinadas Comunidades Autónomas, no necesariamente han de evacuarse estos informes de Secretaría e Intervención, al no precisar para su aprobación quórum especial.

IV

Partiendo de estos conceptos previos, la lectura de la obra de la doctora Parrilla, tiene un interés ineludible para aquellos que quieran aproximarse a las ideas del protocolo de las distinciones y en general a los avatares de la historia para ver que las mismas instituciones que concedían su máxima distinción a la guarnición de Granada de julio de 1936 (cómplices por omisión del asesinato de GARCÍA LORCA), posteriormente revocaban otros honores, etc.

El trabajo es prolijo y concienzudo pero también anima a reflexionar sobre lo inútil que es revisar la historia, puesto que los hechos (para bien y para mal) ahí están.

Es por tanto el momento de animar al lector para que sin más comience la lectura de esta obra que sin duda no defraudará ni a estudiosos, ni a meros curiosos.

Madrid 24 de enero de 2017

Fernando García Rubio
Técnico de administración general del Ayuntamiento de Madrid.
Profesor titular de derecho administrativo URJC.

INTRODUCCIÓN

El trabajo diario de las Diputaciones Provinciales andaluzas se desarrolla en un sinfín de ámbitos encaminados, siempre, en buscar la mejora de los servicios y el funcionamiento de los ayuntamientos que conforman su demarcación territorial. De entre todos ellos, uno tiene especial relevancia en las relaciones de las Corporaciones provinciales con la ciudadanía: los reglamentos de honores y distinciones.

Mediante la codificación de los galardones a otorgar y el procedimiento que se debe seguir en cada caso, las instituciones públicas engrandecen de manera fehaciente la labor realizada por particulares, asociaciones o empresas que redundan en beneficio de la sociedad en la que se insertan y que es orgullo de sus paisanos.

Estos reglamentos muestran la idiosincrasia de cada Diputación y, con la entrega de sus respectivos reconocimientos, va creando historia local ya que el enaltecimiento público de estos comportamientos redunda en patrimonio etnográfico, cultural, histórico y antropológico de la provincia que los otorga. Asimismo, los galardones nos muestran la evolución de los valores de la sociedad en la que se inserta a lo largo del tiempo y su puesta en valor por parte de las administraciones locales reafirma el vínculo de ésta con sus ciudadanos.

Todo esto me llevó a su estudio en mi tesis doctoral defendida en el departamento de Historia Contemporánea de la Universidad de Sevilla, de la cual he extraído una síntesis de aquel trabajo de investigación con la finalidad de dar a conocer, por un lado, una de las facetas más humana de estas instituciones provinciales y, por otro, recoger la normativa presente y pasada de las diputaciones provinciales, cuyo desarrollo es paralelo al de la sociedad.

Los reglamentos de honores y distinciones son una normativa viva, que se utiliza, que se adapta a las situaciones sociales y que promueve la comunicación bidireccional de las instituciones con sus administrados ejemplificando, a través de su concesión, los valores contenidos en la Constitución Española de 1978.

PARTE I.
CONTEXTO POLÍTICO Y JURÍDICO

CAPÍTULO 1.
LAS DIPUTACIONES PROVINCIALES

De una manera simbólica, lo que se entiende históricamente con el término "provincia" lo encontramos en el artículo publicado por Martínez Díez (1981). A su juicio, la primera vez que encontramos el término "provincia" para designar unas circunscripciones territoriales en el reino de Castilla sería en 1371 en las Cortes celebradas en Toro que se reiterará en 1390 en las Cortes de Segovia, aunque se entendía por "provincia" las grandes divisiones regionales del Reino.

Durante el siglo XVI (1591) se realizó un censo acerca de las vecindades o número de vecinos de cada villa o jurisdicción del mismo. Como resultado se dividió el Reino en 32 provincias nominales y otras ocho circunscripciones que dan lugar a 40 demarcaciones cuyo alcance fue estrictamente fiscal. El criterio seguido para tal segmentación fue la distribución entre las 18 ciudades con derecho a voto en las Cortes[1].

No será hasta la guerra de Sucesión y con la llegada de la nueva dinastía de Borbón, cuando los elementos característicos del Estado se empiecen a dar en España, si bien con una enorme debilidad. Sería con los Decretos de Nueva Planta de Felipe V, tal y como declara González Casanovas (1986:19), el momento en el que los famosos Intendentes fueron unos adelantados de los ulteriores subdelegados de Fomento en las Provincias creadas por Javier de Burgos.

---

1 La ciudades con derecho a voto y sus provincias correspondientes son las siguientes: Burgos (Provincia de Burgos, Provincia de Trasmiera y Provincia del Condestable), Soria (Provincia de Soria), Valladolid (Provincia de Valladolid y Provincia de las Tierras del Conde de Benavente), León (Provincia de León, Provincia de Asturias de Oviedo y Provincia de Ponferrada), Zamora (Obispado de Lugo, Provincia de La Coruña y Betanzos, Provincia de Orense, Provincia de Mondoñedo, Provincia de Santiago de Compostela, Provincia de Tuy y Provincia de Zamora), Toro (Provincia de Toro y Provincia de Palencia), Salamanca (Provincia de Salamanca), Ávila (Provincia de Ávila), Segovia (Provincia de Segovia), Guadalajara (Provincia de Guadalajara), Madrid (Provincia de Madrid), Toledo (Provincia de Toledo, Ciudad Real, Campo de Calatrava, Provincia de Castilla de la Orden de Santiago, Alcaraz y su Partido y Provincia de Castilla del Campo de Montiel), Murcia (Murcia y Provincia de Murcia), Cuenca (Provincia de Cuenca y Provincia de Huete), Sevilla (Provincia de Trujillo, Provincia de León de la Orden de Santiago y Provincia de Sevilla), Córdoba (Provincia de Córdoba), Jaén (Provincia de Jaén y Calatrava del Andalucía) y Granada (Reino de Granada). Martínez Díez, 1981: 537.

1. ANTECEDENTES

Generalmente la aparición de una institución jurídica no se produce *ex novo* por voluntad exclusiva del legislador, sino que existían de antemano toda una serie de mecanismos corporativos cuya actuación previa inciden sobre la institución en ciernes, condicionándola en su formación y estableciéndose en el antecedente más inmediato de la misma (Santana, 1989: 75). Aunque esta afirmación no es compartida por Muñoz de Bustillo (1997: 1181) al afirmar: "antecedentes, influencias o fuentes son algunos de los términos que se utilizan para calificar todo aquello que recuerde, peor o mejor, poco o mucho a las diputaciones provinciales de origen doceañista", e irá desarrollando para cada uno de los posibles antecedentes una teoría que contradice lo expuesto por otros autores. Sin embargo, hemos considerado que sería bueno enunciar brevemente las distintas referencias en cuanto a la división del territorio peninsular que desembocarán, a nuestro juicio, en las Diputaciones Provinciales recogidas en la Constitución de 1812.

Para Martínez Díez (1981: 553) un primer punto de referencia fue la fecha del 22 de marzo de 1785 cuando el Conde de Floridablanca solicitó a los intendentes una relación de las jurisdicciones inferiores y lugares de su intendencia; con los datos de estos informes se publicaría en 1789 el siguiente título *España dividida en provincias e intendencias y subdividida en partidos, corregimientos, alcaldías mayores, gobiernos políticos y militares, así realengos como de órdenes, abadengo y señorío* que presentaría a España dividida en 38 provincias[2].

En la España del siglo XVIII, la división provincial responde al poder superior de la autoridad regia, militar, económica, administrativa y judicial, pero carece de una estructura uniforme y fija. Considerada por González Casanovas (1986:22) como una superestructura, embrión de la futura Administración estatal, que cubrieron una red de poderes diversos, ya sea por el carácter de sus poseedores (tierras de realengo, de señorío nobiliario o eclesiástico), ya fuera por la disparidad de funciones (gubernativas, fiscales, jurisdiccionales).

Tampoco se eliminaron todos los poderes autónomos de los antiguos Reinos con la llegada de la nueva monarquía. Se mantuvieron la heterogeneidad de múltiples privilegios personales y regionales, mientras se iba creando entidades propias e instancias administrativas.

Varios son los puntos de referencia donde buscar las raíces o cimientos de las mismas. En este sentido podrían ser consideradas las Diputaciones históricas, las Juntas provinciales, los Reales acuerdos de las Audiencias o los propios Consejos departamentales franceses. Un análisis comparativo de estas instituciones con nuestra Corporación provincial permitirá tener un conocimiento más exacto de las posibles influencias que puedan haber ejercido en la configuración de la misma.

[2] Ávila, Aragón, Burgos, Gran Canaria, Cataluña, Córdoba, Cuenca, Extremadura, Betanzos, La Coruña, Santiago, Lugo, Orense, Mondoñedo, Tuy, Granada, Guadalajara, Islas Baleares, Jaén, León con Ponferrada y Asturias, Madrid, La Mancha, Murcia, Navarra, Palencia, Salamanca, Sevilla, Segovia, Soria, Toledo, Toro, Valladolid, Valencia, Álava, Vizcaya, Guipúzcoa, Zamora y Nuevas Poblaciones de Sierra Morena y Andalucía.

1.1. Las Diputaciones históricas

Fue el Conde de Toreno (1835:507) quien decía que "las Diputaciones provinciales se formaron a ejemplo de las de Navarra, Vizcaya y Asturias, las cuales, si bien con facultades a veces muy mermadas, conservaban todavía bastante manejo en su gobierno interior, especialmente las dos primeras; todas las otras provincias del reino habían perdido sus fueros y franquicias desde el advenimiento al trono de las Casas de Austria y Borbón". Si bien en 1812 fue uno de los diputados, por no decir el primero, que de plano rechazó el carácter representativo de las diputaciones provinciales; carácter que, sin embargo, si apreciaron algunos otros de sus compañeros de tribuna. Tal y como explica Muñoz de Bustillo (1997: 1189), "las contradicciones en las propuestas de Toreno son tan manifiestas como, quizá, explicables: el temor a las tendencias federalistas, evidente en 1812, no tiene en 1837 el menor predicamento".

Pero su comentario fue, sin duda, el dato más significativo que existe en lo que concierne a la relación que pueda existir entre las Diputaciones constitucionales y las antiguas Diputaciones históricas, tal y como sostiene Santana (1989:76). Otros autores como Fernández y Santamaría (1977), Salcedo Izu (1969) o Arguelles (2002), aunque no hacen una mención expresa a las diputaciones históricas, aportan referencias a las que acudir para averiguar cuál es el verdadero antecedente de las Diputaciones constitucionales.

Todos estos autores convergen en expresar que, por una parte, tanto las diputaciones históricas como las constitucionales fueron consideradas como organismos jurídico-administrativos (que es algo que encajará con el carácter de las diputaciones elaboradas en la Constitución gaditana), y, por otra, que no tenían el mismo carácter representativo aunque podían considerarse como un punto de referencia institucional en lo concerniente a las competencias que ejercieron unas y otra, el número de miembros y, por supuesto, en la denominación.

1.2. Las Juntas Provinciales

Por otra parte, otros autores: Demetrio Ramos (1966), Martínez Sospedra (1973) y González Mariñas (1978) han querido ver en las Juntas provinciales el antecedente más directo de las Diputaciones provinciales.

Estas Juntas surgen al calor del movimiento independentista de 1808 (Santana, 1989:79) con la intención de sustituir a un Estado, ante el empuje del invasor constituyéndose después en una Junta Central a partir de la que se producirán la convocatoria a Cortes y la elaboración de la Constitución (Morell, 1997: 136). Su funcionamiento aparecía totalmente mediatizado y su actuación se extiende, fundamentalmente, a las cuestiones relacionadas con la guerra. España se convirtió, en palabras de Raymond Carr (1990: 90), "en un conglomerado de ciudades-estado y provincias autónomas gobernadas por juntas de notables locales" que buscaron ejercer un gobierno que el Rey no practicaba.

La actuación de estas Juntas, tal y como se manifiestan en el periodo revolucionario, carecen de precedentes en el derecho español, pero su comportamiento respondía a una concepción del poder generalmente sentido (Martínez de Velasco, 1972: 93), con un carácter jurídico que las constituye en independientes (Santana, 1989: 80) cuya diferencia con las Diputaciones Provinciales gaditanas estribaba en que una es una institución política y la otra administrativa.

En 1810, el gobierno legal de la España independiente se había transformado en una Junta Central compuesta de los delegados de las juntas provinciales (Carr, 1990: 90), aunque su recorrido hasta convertirse en las Diputaciones provinciales, se fue nutriendo de otras influencias, autóctonas y foráneas, que acabaron por perfilar su definitiva naturaleza y estructura (Santana, 1989: 80).

1.3. El sistema napoleónico

Para Piñar Mañas (1983: 1899-1900) la dualidad de la Administración periférica–Administración local son conceptos heredados de los revolucionarios franceses. Además, la opción que realizamos por sistema francés, lógica desde un punto de vista histórico, tal y como ha puesto de relieve García de Enterría (1985: 54): "España fue uno de los países seguidores del sistema francés, su organización provincial fue configurada sobre el modelo departamental; su aparato administrativo siguió la fórmula centralizadora estricta, y como una de las piezas del sistema surgió también en esta tierra el correlato exacto de la figura del Prefecto". Esto junto a la distribución territorial en provincias de 1833, fundamentaron la división de España y ha sido punto de apoyo esencial del centralismo vigente hasta hace poco.

Hasta principios de 1810 la organización territorial de las zonas ocupadas por los franceses descansó en el régimen de Intendencias existente con anterioridad a la invasión. En virtud del decreto de 14 de abril de 1810 aparecido en la Gaceta de 4 de mayo de 1810 y firmado en el Alcázar de Sevilla el 17 de abril de ese mismo año (Martínez Díez, 1981: 558), donde cristalizó la idea de llevar a cabo una nueva reordenación del territorio peninsular sobre la base de los departamentos o prefecturas como en Francia. España quedó dividida en 38 prefecturas, a su vez subdivididas en 111 subprefecturas (Sánchez-Arcilla, 1994: 271 y 275), tres por prefecturas, salvo Ciudad Real, Cuenca, Madrid y Teruel que sólo contaban con dos subprefecturas y Murcia que tenía cuatro y donde se procuraba aproximar dentro de ciertos límites la extensión de cada prefectura.

En cuanto a su administración nos dice Muñoz de Bustillo (1997: 1185) que: "el gobierno de las prefecturas y de las subprefecturas se concentra en unos órganos unipersonales, prefectos y subprefectos que, sometidos al más estricto principio jerárquico, tienen encomendadas en sus respectivas circunscripciones funciones claramente ejecutivas". Al frente de cada una de las 38 nuevas circunscripciones se encontraba la figura del Prefecto investido de competencias relativas al gobierno civil, administración de rentas y policía general por lo que quedaron configurados como el nexo entre la Administración local y el gobierno (Sánchez-Arcilla, 1994: 275).

Este Prefecto era auxiliado en su labor por un Consejo de Prefectura (formados por tres individuos nombrados por el rey) y una Junta General de Prefectura, que estaba compuesta por veinte miembros, nombrados por el Rey siguiendo la propuesta de las municipalidades que formaban cada prefectura; es, por tanto, un sistema electivo. Las Juntas departamentales tuvieron además un presidente designado por el gobierno de entre sus miembros, los cuales, a su vez, serían renovados por mitad cada año (Santana, 1989: 38).

Esta organización territorial, si no tenía pasado tampoco tendrá futuro, pues expulsados los ejércitos franceses de España la división napoleónica caerá en el más total olvido (Martínez Díez, 1981: 561), sin más valor que el de la curiosidad histórica. Aun así, no fue mal vista por personajes como el Conde de Toreno (1835: 247) el cuál, opinando sobre la misma decía que era "una providencia que, habiendo tomado arraigo, hubiera podido mejorar la suerte de los pueblos, pero que en algunos no se estableció, desapareciendo en los más lo benéfico de la medida con los continuos desmanes de las tropas extranjeras".

No en balde hay sectores doctrinales (García Fernández, 1983: 204) que opinan que la ordenación administrativa que surge con la revolución francesa, en concreto el esquema administrativo napoleónico, constituyeron el instrumento clave para consolidar la burocratización del Estado contemporáneo, ya que en este sistema, tanto los departamentos como los municipios se convirtieron en entes administrativos del Estado, y sus miembros en funcionarios de aquél. En este mismo sentido se expresa Martínez Díez (1981: 561) al alegar que "desde el punto de vista institucional constituirá el primer intento de racionalizar la administración territorial creando unas unidades político-administrativas a las que después deberían adaptarse sin excepción todas las demás: fiscales, judiciales, militares, académicas e incluso eclesiásticas; y subdividirse a su vez armónicamente en partidos o subprefecturas y en municipios".

2. IMPLANTACIÓN DE LA INSTITUCIÓN A TRAVÉS DE LOS PROYECTOS CONSTITUCIONALES

Todos estos planteamientos anteriores a la Constitución de 1812 nos hablan de la necesidad de llevar a cabo una reforma total de la administración territorial, y esta, la que impulsó la aparición de las Diputaciones Provinciales. Estas Corporaciones surgieron en el ámbito administrativo-territorial con la finalidad de ejercer su acción sobre una parcela del territorio nacional, delimitada con arreglo a unos criterios más racionales y uniformistas que los que hasta entonces habían precedido a la estructuración del mismo (Santana, 1989: 89).

2.1. La Constitución de 1812

Según Muñoz de Bustillo (1997: 1181) "ni antes de 1812 ni en provincia distinta a Cádiz podemos localizar una institución similar a la creada por los constituyentes gaditanos". Para lo cual se basa, reiteradamente, en los testimonios de Ortego Gil

(1990): "el verdadero origen se encuentra en el Título VI de la Constitución de 1812" que versaba del gobierno interior de las provincias y de los pueblos. En este mismo sentido se expresa Piñar Mañas (1983: 1901): "el origen inmediato de la concepción actual de la Administración periférica, se encuentra en la Constitución de 1812".

Como afirman estos autores, su origen legal lo encontramos en la Constitución promulgada el 19 de marzo de 1812: "Que el gobierno económico de la provincia esté a cargo de una Diputación compuesta de personas elegidas libremente por los pueblos de su distrito y del jefe político y el de la hacienda pública", tal y como lo recoge la *Gran Enciclopedia de Andalucía*[3] (1979: 1267). Es decir, las Cortes de Cádiz donde concretaron de una manera jurídico-pública, las instituciones que vendrían a perfilar el nuevo sistema organizativo[4] y bautizaron con el nombre de Diputación Provincial[5] al organismo que personalizaba la división territorial intermedia entre el Estado y el Municipio. En palabras de Sánchez-Arcilla (1994: 277):

> "Para la Constitución gaditana la estructura de la provincia descansaba, por un lado, en la figura representativa e interventora del poder central –el Jefe Político– y en una corporación –la Diputación provincial– compuesta de representantes de la provincia y del Jefe Político o delegado del gobierno. Del texto constitucional parece deducirse que lo esencial en la provincia era el elemento directivo –el Jefe Político y la Diputación– de manera que quedaba constituida como instrumento del Estado".

Para promover esta prosperidad y dar un mayor radio de acción a las Diputaciones es por lo que se publica el Decreto CLXIV de 23 de mayo de 1812 para el establecimiento de las Diputaciones provinciales en la Península y Ultramar (Fernández y Santamaría, 1977: 692). Que según Ponce (1999: 50) vino a suplir una de las carencias de la división provincial; su falta de concreción en la demarcación territorial. La división jurisdiccional de este decreto se aproximaba a la promulgada por Floridablanca aunque con algunas novedades por lo que se implantaron 31 Diputaciones en la península (Santana, 1989: 90-91).

En lo que están de acuerdo Santana (1989), Sánchez-Arcilla (1994) y Domínguez Vila (2003) es que el segundo paso que se dio fue definitivo para el establecimiento de las Diputaciones, desarrolladas y organizadas en la *Instrucción para el Gobierno económico-político de las* provincias, de 1813, que buscaba regular sus competencias[6] en las que se mezclaban unas de estricto carácter económico y de fomento

---

[3] En adelante para su cita, GEA.

[4] Artículo 11: Se hará una división más conveniente del territorio español por una ley constitucional, luego que las circunstancias políticas de la Nación lo permitan.

[5] Artículo 325: En cada provincia habrá una diputación llamada provincial, para promover su prosperidad, presidida por el jefe superior.

[6] Que fue resumido de esta manera por González Casanovas (1986:29): "Intervenir y aprobar el repartimiento de las contribuciones entre los pueblos de la provincia; velar por la buena inversión de los fondos públicos de los pueblos y examinar e informar sus cuentas; proponer al Gobiernos los arbitrios más convenientes para realizar obras nuevas de utilidad común de la provincia o reparar las antiguas; cuidar de que se establezcan Ayuntamientos donde corresponda que los haya; promover la educación de la juventud; fomentar la agricultura, industria y el comercio y proteger a los inventores de nuevos descubrimientos cien-

con otras de carácter político, siempre con la vista puesta en la incorporación de las Corporaciones Locales en el régimen constitucional; conducidas, todas ellas, bajo la directa y jerárquica instrucción y control del Jefe político de la provincia. Para Domínguez Vila (2003: 367-368): "en esta norma las Diputaciones Provinciales se configuran como órganos de tutela, actuación subsidiaria a los Municipios y cooperación interna".

Tal y como recoge José María Rey (1913: 13), según los preceptos constitucionales y de esta Ley de Instrucción, se señaló la fecha del dieciocho de agosto para instalar las diecisiete Diputaciones que había de haber en la península, así como las dos de las islas adyacentes. Y continúa: "Estas diputaciones fueron seguramente las de Aragón, Asturias, Castilla la Vieja, Castilla la Nueva, Cataluña, Córdoba, Extremadura, Galicia, Granada, Jaén, León, Molina, Murcia, Navarra, Provincias Vascongadas, Sevilla, Valencia, Baleares y Canarias, puesto que tal era la división territorial de España".

Todo esto fue anulado con la llegada de Fernando VII, así el Real Decreto de 4 de mayo de 1814 acabó con la institución del jefe político pasando el poder político de las provincias a los mandos militares; capitanes y comandantes generales. El Real Decreto de 15 de junio de 1814 lo que suprimió fueron las Diputaciones: "he venido en suprimir las Diputaciones provinciales como no necesarias". Sería el levantamiento de Riego en 1820 el que volviese a intentar restaurar el régimen expresado en las Cortes de Cádiz pero revisando las instituciones que pudieran presentar dificultades. Estas reformas quedaron plasmadas en el Decreto de 3 de febrero de 1823 que puede ser considerada como la primera ley[7] provincial y municipal del siglo XIX (Sánchez-Arcilla, 1994: 278) y dotó a las Diputaciones de tan amplias atribuciones que desbordaban el ámbito de interés provincial (GEA, 1979: 1267). Fue anulado por Decreto de 1 de octubre de 1823 aunque la concepción del gobierno provincial se mantendría en los años siguientes.

A la muerte de Fernando VII, la Reina Gobernadora nombra, en virtud del Real Decreto de 21 de octubre de 1833, al afrancesado D. Javier de Burgos como Secretario de Estado y de Fomento –en atención a sus especiales conocimientos en las materias económicas– para que se "dedique antes de todo a plantear y proponerme, con acuerdo del Consejo de Ministros, la división civil del territorio español, como base de la administración interior, y medio parar obtener los beneficios que medito hacer a los pueblos" . Como observa Alejandro Nieto (2006: 238): "puede afirmarse [...] que la organización territorial del Estado español moderno nació en esa época o, mejor todavía, que la organización territorial del Estado se hizo moderna en ella".

Nos informa Martínez Díez (1981), que la propuesta de la división del territorio fue elaborada con premura puesto que para el 10 de noviembre de 1833 dicha

---

tíficos; dar parte al Gobierno de los abusos que noten en la administración de las rentas públicas; formar el censo y la estadística de la Provincia; cuidar de que los establecimientos piadosos y de beneficencia cumplan con su objeto y dar parte a las Cortes de las infracciones de la Constitución que se noten en la Provincia".

7 Frente a los 78 artículos que contenía el Decreto de 23 de junio de 1813, la "Instrucción" de 3 de febrero de 1823 contiene 291 artículos.

propuesta fue enviada al Consejo de Ministros, en donde "pende de informe del Consejo de Gobierno"[8]. Dada la extrema rapidez supone este autor que: "o estaba preparada de antemano o que se utilizaron elementos anteriores". Y continúa: "Nos inclinamos por esta segunda hipótesis, dada la similitud entre las divisiones de 1822 y 1833; esta segunda sigue enteramente a la primera en el número y denominación de las provincias [...]. El extenso expediente sobre el que las Cortes del trienio constituyente realizaron su partición del territorio español ha desaparecido del Archivo de las Cortes sin dejar tras de sí el menor rastro. Como hipótesis creemos que esta desaparición se conjuga perfectamente con la tarea de D. Javier de Burgos". Como, acertadamente, consigue ver Alejandro Nieto (2006: 239): "el gran mérito de Burgos no consistió, por tanto, en imaginar un nuevo sistema de organización territorial del Estado sino en asimilar lo que había venido madurando en los últimos cincuenta años y hacerlo realidad".

Este proyecto se hizo realidad el 30 de noviembre de 1833 y fue publicado en la Gaceta de Madrid del 3 de diciembre de 1833; para García de Enterría (1985: 54) "uno de los documentos más nobles de nuestra historia administrativa". Además, su elaboración sirvió para establecer una definición del término "provincia" del que adolecían todos los textos anteriores que se ocuparon, durante el siglo XIX, de la división territorial. La provincia emanada del texto de D. Javier de Burgos, se concibe como una circunscripción creada por y para el Estado, cuyo propósito es legalista y utilitario; es decir, no responden ni a exigencias geográficas, ni reproducen distribuciones de las agrupaciones regionales, como consecuencia de la constitución histórica del Estado. Esta misma idea tiene Domínguez Vila (2003: 370) quien considera que la división del territorio nacional propuesta por el Ministro Javier de Burgos se aparta confesadamente de todo antecedente histórico con la única finalidad de servir al Estado al igual que Posada (1982: 151). Consecuentemente, la configuración de la misma es como un ente jerarquizado dependiente de la Administración Central, que a su vez jerarquiza y centraliza la vida municipal (Sánchez-Arcilla, 1994: 276) y necesaria, según Ponce (1999: 54) para inscribir a las diputaciones dentro de unos límites geográficos concretos y estables sobre los que realizar su actividad. Cuando se publicó el Real Decreto, se segmentó el suelo español en provincias con la extensión y límites que, salvo algunas modificaciones, llegarían hasta nuestros días[9].

De modo sucinto, enunciaremos las principales reformas que se llevaron a cabo sobre este Real Decreto. La primera de ellas correrá a cargo del general Espartero, durante su Regencia. El día 12 de octubre de 1841 restableció los límites de la provincia de Logroño. La segunda modificación fue fruto del decreto de 20 de noviembre y atañe a la capitalidad de la provincia de Guipúzcoa. El 24 de marzo de 1846 se retocó el límite provincial existente entre Ciudad Real y Albacete. Algo más importante fue la corrección de las demarcaciones que se introducen en el Real

[8] Gaceta de Madrid, de 12 de noviembre de 1833.

[9] Un estudio pormenorizado del fraccionamiento del territorio español llevado a cabo por el Decreto de 1833 lo encontramos en el artículo publicado por Melón Ruiz de Gordejuela (1957-1958) donde se explica detalladamente las regiones que comprendían los límites de cada provincia así como las raíces históricas de las que surgieron.

Decreto de 25 de junio de 1851 por el que se desgaja una porción de la provincia de Cuenca para atribuirla a la provincia de Valencia.

Pero la más trascendente de todas las modificaciones sufridas por el Decreto de Javier de Burgos fue la introducida por el Decreto de la Presidencia del Consejo de Ministros de 21 de septiembre de 1927[10] que dividía el territorio de Canarias en dos provincias con la denominación de sus respectivas capitales: Santa Cruz de Tenerife y Las Palmas (Guimerá, 1979)[11].

En cuanto al gobierno de estas diputaciones, observa Piñar Mañas (1981: 1901-1902) que entre 1813 y 1823, el aspecto administrativo de las diputaciones aparece envuelto por el político ya que a los jefes superiores de las provincias se les denominó jefes políticos. Fue en 1833 cuando se les califica de subdelegados de Fomento, enlazando con la idea que Javier de Burgos tenía de la prosperidad del país como meta, es decir, el "fomento" de la prosperidad de los individuos y los pueblos; a saber: la conservación de la paz, la seguridad de las personas y las propiedades y todo lo relativo a la ejecución de las leyes (que) estaba confiado a la autoridad judicial, o más bien, a los individuos o cuerpos que la ejercían (Nieto, 2006: 248). En 1834 se denominaron gobernadores civiles, con un breve paréntesis en 1849 donde se les nombró gobernadores de provincia[12]. A partir de 1997 donde se sustituyeron por los Subdelegados del Gobierno[13]. Sin embargo, el gobernador civil se convirtió en una figura preocupada menos por la buena administración que por la actividad política. En consonancia, sus competencias fueron concretándose en los temas políticamente relevantes: la policía y el orden público, y en especial la policía de libertad y la tutela sobre los entes locales.

2.2. La Constitución de 1837

Las transformaciones sufridas por el gobierno provincial tuvieron lugar en el periodo de transición política de 1833-1836 y fueron plasmadas en sucesivos decretos. La redacción de la Constitución de 1837 (mucho más cauta que la de 1812 en lo relativo al administración provincial) y los respectivos proyectos de reforma,

---

[10] Real Decreto nº 1586 relativo a la división en dos provincias del territorio nacional que constituye el Archipiélago canario; Gaceta de Madrid nº 266, de 23 de septiembre de 1927. Páginas 1659 y 1660.

https://www.boe.es/datos/pdfs/BOE//1927/266/A01659-01660.pdf (Consultado el 17 de agosto de 2015).

[11] En 1927, un grupo de islas –concretamente la de Gran Canaria y su capital Las Palmas– obtienen de Primo de Rivera el Real Decreto por el cual se divide la provincia de Canarias en dos: la occidental, integrada por Tenerife, Palma, Gomera Y hierro, con el nombre de Santa Cruz de Tenerife y la capitalidad en la ciudad de este nombre; y la oriental compuesta por las islas de Gran Canaria, Lanzarote y Fuerteventura, con el nombre de Las Palmas y capitalidad en la ciudad de Las Palmas de Gran Canaria.

[12] Mediante un decreto de 29 de septiembre de 1847, se creaban once gobiernos generales, los gobiernos civiles de las provincias y los subdelegados civiles de distrito. La reforma quedó en suspenso el 5 de octubre de ese mismo año y el 28 de diciembre de 1849, se creaban definitivamente los gobernadores de provincia en sustitución de los jefes políticos y de los intendentes. El Real Decreto de 7 de agosto de 1854 en su artículo 2 declaraba expresamente que las funciones conferidas a los Jefes políticos y a los Intendentes, habrían ser desempeñadas por los Gobernadores de la provincia.

[13] Real Decreto 617/1997, de 25 de abril, de Subdelegados del Gobierno y Directores insulares de la Administración General del Estado. BOE nº 106 de 3 de mayo de 1997. Páginas 14039 a 14041.

en especial el elaborado por Francisco Agustín Silvela serían la base de los textos elaborados en 1840 y 1842, así como la Ley de Diputaciones de 8 de enero de 1845 que integró las Diputaciones con el Jefe político, el Intendente y tantos Diputados cuantos sean los partidos judiciales en que esté la provincia dividida (GEA, 1979: 1267) y que según Posada (1982: 198), citando a Cánovas del Castillo, limita las funciones de las Diputaciones a una intervención en la gestión administrativa y económica de las Provincias. Por otra parte, la Ley de 2 de abril sobre el gobierno político de la provincia y los Consejos provinciales que constituirían la organización del régimen provincial y local (Sánchez-Arcilla, 1994: 280). Para Silvela, el restablecimiento de la Constitución de 1812 en agosto de 1836 no había supuesto la derogación de la Instrucción de 1833 aunque lo curioso es que en el articulado no se regulaban todas sus atribuciones sino solamente unas pocas, remitiéndose para el resto a la legislación especial según nos informa Nieto (2006: 263).

Estas leyes establecieron un sistema de administración territorial que, estructuralmente, se diferenciaban poco de lo recogido en 1823 aunque añaden un nuevo elemento: los Consejos provinciales, cuyos orígenes y antecedentes los encontramos en una iniciativa parlamentaria de Silvela (1839: 135) presentada al Congreso el 12 de mayo de 1838. Estos órganos cumplen una función de asesoramiento y consulta del jefe político, además de cumplir otras funciones de índole contencioso-administrativa. Como señala Santana (1989: 126), la administración provincial se configura con la presencia de un jefe político, una Diputación provincial y un Consejo provincial que será una traslación a España del sistema francés que aún mantenía el ideado por Napoleón compuesto por el Prefecto, el Consejo de Departamento y el Consejo de Prefectura.

2.3. La Constitución de 1869

Las grandes modificaciones en el régimen provincial tuvieron lugar con la Revolución de 1868. La reforma de la Administración la abordó Sagasta (Ministro de Gobernación) gracias al Decreto de 21 de octubre de 1868[14], que constituía una auténtica ley provincial en la que el Estado, la provincia y el municipio serían las tres esferas dentro de las cuales se iba a desarrollar la política del país, tal y como recoge Santana (1989: 147) en referencia a lo expresado en el preámbulo:

> "Si el Estado, la Provincia y el Municipio han de ser tres esferas concéntricas de dimensiones diversas dentro de las cuales se desarrolla armónicamente la política del país, es preciso que giren en el mismo sentido, pero sin tocarse en su movimiento ni entorpecer en su marcha y para esto es necesario aquellas tres tengan vida propia".

Pero este decreto fue derogado por el desarrollo de los principios constitucionales emanados de la Constitución de 1869 tras la cual se promulgó la Ley Pro-

[14] Su antecedente lo encontramos en el Real Decreto de 21 de octubre de 1866 que reforma la Ley de Ayuntamientos.

vincial de 20 de agosto de 1870 (Sánchez-Arcilla, 1994: 283) a partir de la cual las Corporaciones provinciales comenzaron a ejercer funciones políticas de un modo más reglamentado, obteniendo la competencia exclusiva para intervenir en todo aquello que afecte a los propios y peculiares intereses de la provincia, en materia, lógicamente, de índole económico-administrativa (Santana, 1989: 281).

2.4. La Constitución de 1876

El 23 de mayo de 1876 el Ministro de la Gobernación presentaba a las Cortes un proyecto de Ley de reforma de la administración provincial, su desarrollo se convirtió en Ley provincial el 2 de octubre de 1877 que fue sustituida por la Ley de 29 de agosto de 1882 que estuvo vigente hasta 1925 que consideró a las Diputaciones como representación genuina de la provincia con las facultades de administrar sus peculiares intereses y fomentar todos los de índole moral y material bajo la vigilancia de la Administración superior . Esta Ley complico a las Diputaciones en el quehacer político consagrándolas como superiores jerárquicos de los Ayuntamientos con facultades de revisar los acuerdos, inspeccionar y vigilar sus servicios, efectuar repartimientos entre los pueblos, etc. (GEA, 1979: 1267).

El Estatuto provincial de 20 de marzo de 1925 de Primo de Rivera implantó el principio de la autonomía en las provincias puesto que perseguía, ante todo, la descentralización de las competencias. Entre las posibilidades que se brindaban estaba la posibilidad de constituir "regiones" entendidas como agrupaciones de municipios mancomunadas como corporaciones administrativas para la realización de obras o prestar determinados servicios de su competencia (Sánchez-Arcilla, 1994: 286). El Estatuto provincial de Calvo Sotelo, a pesar de su promulgación, no pasó de un proyecto de la Dictadura, ya que no se llegaron a celebrar nunca las elecciones y los diputados provinciales fueron designados por el gobierno. En 1930, el gobierno del general Berenguer restableció parcialmente la Ley Provincial de 1882.

2.5. La Constitución de 1931

Proclamada la II República, el Decreto de 21 de abril de 1931 dispuso que los Gobernadores civiles nombraran unas Comisiones gestoras que se hiciesen cargo de las Diputaciones y de los Cabildos insulares. La Ley de 15 de septiembre de 1931 derogaba el Estatuto provincial, aunque sólo parcialmente, pues dejó en vigor las disposiciones referentes a funcionarios, hacienda provincial y régimen jurisdiccional. (Sánchez-Arcilla 1994: 286-287). Posteriormente, la Constitución de la República de 9 de diciembre de 1931 sienta el principio de que las provincias se constituirán por los Municipios mancomunados conforme a una Ley que determinará su régimen, sus funciones y la manera de elegir el órgano gestor de sus fines políticos-administrativos. Se olvida deliberadamente el nombre de Diputación Provincial para poner a los Ayuntamientos como elementos esenciales en el funcionamiento y competencia del organismo territorial intermedio invistiendo a éste de matiz político (GEA, 1979: 1267).

2.6. El régimen provincial franquista

El Decreto de 5 de octubre de 1936 dispuso que el Gobernador general de cada provincia pusiese al frente de las Comisiones gestoras de las Diputaciones Provinciales representantes destacados de las Cámaras agrícolas y de comercio. En 1945 se redactó y presentó a las Cortes un proyecto de Ley de Bases de Administración Local, que fue aprobado el 17 de julio de ese mismo año y cuyo desarrollo se produjo en la Ley de Bases de 16 de diciembre de 1950. Esta ley junto a otros textos legales fueron refundidos el 25 de junio de 1955 (Sánchez-Arcilla, 1994: 287). En ellos se configura a la Diputación como una Corporación pública de fines económico-administrativos. Integrada por un Diputado por cada Partido Judicial y otros designados por las Corporaciones y Entidades económicas, culturales o profesionales de la provincia. Otorga al presidente amplias atribuciones que le convierten en un presidente-gerente de la Corporación y es nombrado por el Ministro de la Gobernación. Crea la Comisión de Servicios Técnicos a tenor de la complejidad administrativa de los nuevos tiempos. Determinada por la agrupación de Municipios, a la vez que división territorial de carácter unitario para el ejercicio de la competencia del Gobierno nacional, tienen la posibilidad de la cooperación provincial para la prestación de servicios municipales que reportará frutos inestimables. Además, seguirán teniendo la dirección, el gobierno y la administración de los intereses peculiares de la provincia (GEA, 1979: 1268).

2.7. La Constitución de 1978

Como nos refiere Piñar Mañas (1981: 1905), la Constitución de 1978 ha operado un cambio radical en cuanto a la organización territorial; el viejo Estado centralista ha sido sustituido por el Estado de las Autonomías, técnicamente muy cercano a los Estados regionales. Este cambio se ha producido, sin embargo, manteniendo la división en provincias. El riesgo de esta dinámica era evidente como señala Burgeño (1996: 285) y el resultado fueron las actuales 17 comunidades, de las cuales 7 son uniprovinciales.

Pero esta nueva situación administrativa se escapa del ámbito de estudio de esta investigación por lo que no entraremos en su análisis; la Administración periférica debe conjugar por un lado a la provincia (artículo 141.1[15]) y, por otro, a la Comunidad Autónoma (artículo 154[16]).

[15] Artículo 141.1: La provincia es una entidad local con personalidad jurídica propia, determinada por la agrupación de municipios y división territorial para el cumplimiento de las actividades de Estado. Cualquier alteración de los límites provinciales habrá de ser aprobada por las Cortes Generales mediante ley orgánica.

[16] Artículo 154: Un delegado nombrado por el Gobierno dirigirá la Administración del Estado en el territorio de la Comunidad Autónoma y la coordinará, cuando proceda, con la administración propia de la Comunidad.

CAPÍTULO 2.
LAS RECOMPENSAS

1. GÉNESIS DEL SISTEMA DE RECOMPENSAS

En 1764 el marqués de Beccaria (1738-1794) publica su obra *De los delitos y las penas* como alegato en contra de la pena de muerte, la tortura y, en general, la desproporción entre los delitos cometidos y los castigos aplicados. Con ello se anticipa a la protesta con que la Ilustración acompañó su crítica de la situación existente en el ámbito penal y sus propuestas de fundamentar el derecho que le es propio sobre nuevas bases. Una de estas bases la recoge en su capítulo 44 titulado *Recompensas* donde ponía en relación los conceptos de pena y premio en los siguientes términos:

> "Otro medio de evitar los delitos es recompensar la virtud. Sobre este asunto observo al presente en las leyes de todas las naciones un silencio universal. Si los premios propuestos por las Academias a los descubridores de las verdades provechosas han multiplicado las noticias y los buenos libros, ¿por qué los premios distribuidos por la benéfica mano del soberano no multiplicarían asimismo las acciones virtuosas?. La moneda del honor es siempre inagotable y fructífera en las manos del sabio distribuidor" (2008: 120).

Pero aunque las ideas reformistas de Beccaria cautivaron muy pronto a los enciclopedistas, y de que serían puestas en práctica con entusiasmo en los nuevos códigos criminales de principios del siglo XIX, su articulación conceptual y sistemática de lo que podríamos llamar un Derecho Premial o de Recompensas –que trate de equilibrar mediante los estímulos honoríficos los efectos represores y vindicativos del Derecho Penal– no ha sido nunca llevada a cabo en ningún país tal y como sostiene García-Mercadal (2010: 204).

Algo que ya habían apuntado antes autores como Maquiavelo (1469-1527), en su obra *El príncipe*. En el capítulo XXI *Cómo debe comportarse un príncipe para ser estimado* escribía:

> "El príncipe también se mostrará amante de la virtud y honrará a los que se distingan en las artes. [...] instituirá premios para recompensar a quienes lo hagan y a quienes traten, por cualquier medio, de engrandecer la ciudad o el Estado" (2004:133).

Del mismo modo, Montesquieu (1689-1755) en su libro *Del Espíritu de las Leyes*; en la primera parte, libro V (Las leyes que da el legislador deben estar en relación con el principio del gobierno), capítulo XVIII (De la recompensa que da el soberano) escribe lo siguiente:

> "En los Gobiernos despóticos, [...], lo que determina a actuar es únicamente la esperanza de las comodidades de la vida, y así el príncipe no puede recompensar más que dando dinero. En una Monarquía, donde reina el honor, el príncipe recompensaría únicamente con distinciones, si las distinciones que establece el honor no llevasen consigo un lujo que crea necesidades; así pues, el príncipe recompensa con honores, que a su vez proporcionan fortuna. Pero en una República, donde reina la virtud, motivo que se basta a sí mismo y que excluye a los demás, el Estado no recompensa más que con testimonios de dicha virtud.
>
> Es regla general que las grandes recompensas en la Monarquía y en la República son signo de decadencia porque prueban que sus principios están corrompidos: en una, la idea del honor ya no tiene tanto vigor; en otra, la cualidad de ciudadano se ha debilitado" (1995: 50-51).

Sin embargo, en los dos casos anteriores se discutían las recompensas que podían dar los príncipes desde un punto de vista político.

Unos años más tarde, el impulsor del utilitarismo inglés Jeremy Bentham (1748-1832) elaboró su primer pensamiento entorno a las recompensas en sus *Tratados de legislación civil y penal*, escritos en 1822 y donde abordaba este tema del siguiente modo:

> "La recompensa sola apenas puede servir para mas que producir algunos servicios estraordinarios, algunas obras de supererogación. [...] Las recompensas se distribuyen ya en virtud de leyes generales y permanentes, ya según la voluntad de los que gobiernan los fondos de ellas. Una recompensa que se da sin haber sido prometida, se parece exactamente en la forma á lo que en lo penal se llama una ley *ex post facto*. Digo en la forma, porque en lo demás, todo el mundo conoce desde luego que una ley penal dada después del hecho, es una injusticia horrible, y que una recompensa en el mismo caso es precisamente lo contrario. Si se aplica bien, es un acto tanto mejor entendido por el gobierno cuanto se parece á una invitación general á todo los individuos á estender sus servicios á todos los objetos de utilidad sin temor de perder sus anticipaciones en el caso de buen éxito" (1981: 523-524).

Si bien, sería con su obra *Teoría de las penas y recompensas,* realizado en dos volúmenes, en los que trataría en exclusiva el tema de recompensas en el segundo de ellos y es considerado por Jiménez Asúa (1915: 28) como el fundador del Derecho Premial ya que sentenciaba: " aunque la recompensa se aplique á una acción particular, el objeto principal es promover una disposición habitual á ejecutarla; y una disposición se forma y propaga por la instrucción, por la notoriedad del ejemplo, y por la estimación pública o por el honor". (Bentham, 1838: 97).

Es muy probable que el advenimiento de la dinastía borbónica a partir del siglo XVIII propiciase la incorporación de nuevos elementos (Núñez, 2008: 111) como las recompensas otorgadas como medio para buscar un mayor bienestar de los ciudadanos y la implicación de éstos en la labor benefactora del Estado.

Pero no será hasta principios del siglo XX cuando encontremos alguna pista sobre autores que hubiesen tratado este mismo tema para el caso de España. El escritor que recoge todos los principios expresados por todos estos ensayistas y los compila fue Luis Jiménez Asúa que realizó un pormenorizado estudio del denominado *Derecho Premial como prevención general del delito.* Hace casi un siglo postulaba lo mismo que hoy en día respecto a las recompensas; "este principio que hemos visto vibrar en las religiones y en la filosofía, parece no haber sido apercibido por el legislador, y por eso la idea de construir un nuevo Derecho social, para completar el Derecho penal, parece una ocurrencia extravagante, cuando no algo irrealizable" (1915: 33).

Establece en su escrito que la idea de la pena y la recompensa existe de modo innato en la conciencia de los hombres y contrapone los conceptos de pena y premio, castigo y recompensa que, según Jiménez Asúa (1915: 13), son las dos palancas que actúan sobre la voluntad de las personas. Para ejemplificarlo nos muestra como las distintas religiones contrastan estos términos pero introduciendo la noción de justicia "que exige un castigo para el malo y un premio para el virtuoso, bien la misma vida terrena, bien más allá de la tumba".

Arguye en base a la petición de La Grasserie la creación de un nuevo derecho social que sería el derecho premial que justifica del siguiente modo:

> "El que ha realizado una acción heroica, por ejemplo, se ha colocado fuera y por encima de la regla, como el criminal se ha puesto muy por bajo. Todo debe ser sistemáticamente llevado a lo normal: la acción heroica por medio de la recompensa, y la acción criminal por medio de la pena. La recompensa no es el resultado de un razonamiento, sino, por el contrario, un impulso necesario inconsciente, y, por así decirlo, reflejo, en el cual la legitimidad es evidente" (1915: 35).

En su intento por crear las directrices de esta justicia laudativa establecerá los actos que, a su juicio, deberían ser dignos de premio considerando éste como una palanca que incite al bien previniendo el crimen de modo general: actos de salvamento heroico, actos de abnegación, actos de beneficencia, actos de probidad y actos de moralidad pura. Argumenta, asimismo, que estas categorías no son cerradas ya que debe predominar la más libre apreciación ya que las virtudes civiles más importantes se dan en una conducta uniforme y sostenida, que se siente, que se ve, pero que no puede encerrarse en palabras y en fórmulas. Establece, además, las clases de recompensas que deben de tener cierta correspondencia con las penas. Estas son, en primer lugar, las de índole moral (como el elogio público en diferentes grados) y las de caracteres pecuniarios (consistentes en una suma capital o en una pensión). Esta última está utilizada, actualmente, como estrategia de comunicación en las empresas e instituciones siendo una herramienta de la reputación social consistente en los premios económicos por facetas destacables de la persona que lo realiza según las bases dispuestas para su obtención.

Pero, ¿cómo se incardina todo este afán legislador en el derecho español?. Esta cuestión es resuelta por Jordana de Pozas al aplicar un sentido novedoso a la idea de fomento que, si bien estaba recogida en el vocabulario jurídico, no se encontraba definida claramente. En su artículo, *Ensayo de una teoría del fomento en el derecho administrativo*, sentará las bases de un planteamiento que, en líneas generales, no han seguido hasta nuestros días numerosos estudiosos del derecho, precisados por él mismo en la contestación al discurso de entrada en la Academia de Jurisprudencia y Legislación de Garrido Falla (1974):

> "Lo mismo ocurre con los *Manuales y Tratados de Derecho administrativo*, pues los anteriores a 1948 guardan un total silencio sobre el particular, mientras que son muy raros los posteriores que no mencionan o aceptan la clasificación de los modos de actuar la Administración en policía, fomento y servicio público, y se ocupan de la acción administrativa de fomento con mayor o menor extensión".

Los autores que siguieron su estela y manejaron este concepto para discutirlo o redefinirlo son Ballbé (1947), Garrido Falla (1953), Villar Palasí (1954), el artículo de Pellisé Prats que recoge la *Nueva Enciclopedia Jurídica*[17], González Pérez (1957), Guaita, Pérez Botija, García Trevijano, Baena de Alcázar (1967) o Martín Retortillo hasta la aparición del escrito de Valdés (1967).

2. LA ACCIÓN HONORÍFICA

No pretendemos en este trabajo realizar una revisión del concepto de fomento actual, esta tarea ha sido descrita como imposible por varios autores más versados que esta investigadora en este tema; Baena (1967: 43), Bermejo (2008: 378) y García-Mercadal (2010: 203) que consideran la falta de precisión conceptual el principal problema que tiene esta realidad del fomento. Lo que intentamos es mostrar como un difuso término técnico-jurídico ha permitido una realidad que hoy en día es palmaria: la entrega de honores y distinciones por parte de las Administraciones –las Diputaciones provinciales de Andalucía en este caso concreto– como signo inequívoco de nuestro tiempo y reflejo de la sociedad en la que vivimos, tal y como recoge Vilarrubias, (1980:22):

> "Cuanto más social sea el signo de los nuevos tiempos, más se acrecentará la política de servicio. Y no puede ofrecerse servicio a la comunidad si no hay estímulos".

[17] En adelante para su cita, NEJ.

Y este estímulo, en palabras de Jordana de Pozas, era necesario para lograr la satisfacción de las necesidades generales (entendiéndose esta expresión a la del buen orden en la cosa pública). Los medios que debían utilizarse eran varios, a saber: policía, fomento y servicio público. Y define fomento (1949: 46) como "la acción de la Administración encaminada a proteger o promover aquellas actividades, establecimientos o riquezas debidos a los particulares y que satisfacen necesidades públicas o se estiman de utilidad general, sin usar de la coacción ni crear servicios públicos".

Este fomento se diferencia de la policía en que esta previene y reprime, mientras que el primero protege y promueve, sin hacer uso de la coacción. La divergencia con el servicio público es que este realiza directamente y con sus propios medios los fines perseguidos mientras que el fomento se limita a estimular a los particulares para que sean ellos los que cumplan indirectamente el fin que la Administración persigue. Y esta influencia ejercida desde el poder sobre el ánimo de los gobernados es la base de la política a lo largo de los tiempos.

Por su sentido, los clasifica Jordana de Pozas en positivos (los que otorgan prestaciones, bienes y ventajas) y los negativos (por ejemplo: pronunciamientos específicos tales como las declaraciones de persona *non grata* (Bermejo, 2008: 378) o la privación de distinciones concedidas –a modo de revisión de derechos honoríficos adquiridos– (Bermejo, 2008: 389).

Por su contenido los clasifica el mismo autor en:

1. Honoríficos: que son las "distinciones y recompensas que se otorgan como público reconocimiento y proclamación de un acto o de una conducta ejemplar. Aunque lleven consigo, en ocasiones, algunas ventajas de carácter *jurídico* o *económico,* éstas se consideran accesorias, siendo lo principal el enaltecimiento social del beneficiado. La acción de fomento se logra por el acicate que significa la esperanza de obtener el honor si se observa una conducta adecuada". Entre los principales medios honoríficos menciona las condecoraciones, tratamientos, títulos, preeminencias, uso de emblemas o símbolos determinados, trofeos y diplomas.
2. Económicos: entra en ellos toda la vasta gama de ventajas económicas, en forma de dar (primas, subvenciones, pensiones, gratificaciones, pluses...), de dispensar (exenciones, moratorias...) en beneficio de determinadas actividades o de gravar o recargar (como impuestos para entorpecer el consumo de ciertos artículos en beneficio de otros).
3. Jurídicos: que se caracterizan por el otorgamiento de una condición privilegiada que, de modo indirecto, representa ventajas económicas o de seguridad.

En muchas ocasiones estos medios se dan conjuntamente entre ellos, siendo especialmente gráfico el ejemplo que señala Parada Vázquez (1996: 467) en su manual: la concesión de la calificación académica de Matrícula de Honor, la cual reúne los tres medios, el honorífico por cuanto supone una distinción pública del estudiante al que se le otorga; el económico, al dispensarle de la tasa de una asignatura en su futura matrícula, y el jurídico, ya que si es poseedor de un expediente académico brillante puede acceder a determinados centros de enseñanza, a mayores facilidades a la hora de acceder a algunos empleos públicos, o a obtener becas.

Otra clasificación de los medios empleados es aquella que se hace en función del tiempo de su aplicación. Así, según enuncia Parada Vázquez, la actividad incentivadora puede ser anterior, simultánea o posterior a la actividad privada que se pretende estimular; en el caso de los medios honoríficos serán siempre posteriores, pero en el caso de los medios económicos, la mayor parte de los mismos se reconocen antes del desarrollo de la actividad del beneficiario.

Por último, también se clasifican en medios discrecionales y reglados. La mayor parte de los medios de fomento son reglados, quedando solo claramente fuera la concesión de títulos nobiliarios y condecoraciones de tipo civil, (en el caso de las condecoraciones militares el procedimiento para su concesión está estrictamente reglado, sean por buena conducta y permanencia en los ejércitos, o por la realización de determinados hechos).

En cuanto a la naturaleza jurídica de estos medios de fomento, su otorgamiento constituye formalmente un acto administrativo ya que la Administración lo que hace es concretar esos honores en un signo externo. "Así pues, lo sustantivo, en toda distinción honorífica, es el honor público que comporta" (Valdés, 1967: 56).

Características fundamentales de estos honores son:

- Gratuidad: Las distinciones honoríficas son privilegios gratuitos, porque los méritos y servicios recompensados no tienen el carácter de causa contractual.
- Inalienabilidad: Constituye la única característica absoluta de estas distinciones.
- Perpetuidad: Las distinciones honoríficas son perpetuas en el sentido de que su duración es indefinida, estando a veces, sin embargo, sujeta su extinción o interrupción a una condición, que puede ser la vida de una persona, la indignidad, el incumplimiento de ciertos requisitos fiscales, estatutarios, etc.
- Transmisibilidad: Las distinciones establecidas para premiar actos o conductas meritorias en los que existe la racional presunción de que se extinguirán con la persona, tienen el carácter de personalísimas. Cuando, por el contrario, existe racional presunción de que una conducta meritoria puede prolongarse e la estirpe, y como estímulo para que así suceda, en beneficio de la sociedad, se conceden otras recompensas de naturaleza hereditaria. Esto es lo normal en los títulos nobiliarios.

Años más tarde, Mariano Baena del Alcázar (1967) realizará un pormenorizado estudio de la idea del fomento esbozada por Jordana de Pozas. Su principal cualidad fue la de profundizar en su estudio y enunciar argumentos favorables y discrepantes con la idea del fomento en el sistema jurídico español.

Aunque es destacable las referencias a dos autores que trabajaron en el fomento como son Garrido Falla (2002) y Entrena Cuesta que, aun aceptando dicho concepto, levemente lo corrigen al estimar que la actividad fomentada no ha de ser exclusivamente de los particulares o privada, sino que puede ser también actividad de otros entes públicos (Enciclopedia Jurídica Biz14, voz: fomento).

Concluye Baena con un encendido reconocimiento a la originalidad de la idea expuesta por Jordana en cuanto al concepto de fomento al afirmar:

> "no se trata ni de una tradición recogida y sistematizada, ni de una construcción extranjera. [...] Respecto al fomento, Jordana de Pozas ha agrupado la actuación indirecta que se realiza (aunque en modo alguno en forma exclusiva) en el siglo XIX, y sobre todo que respondía a la mentalidad liberal, y la ha denominado con un término desprovisto de un valor técnico hasta el momento en que se formula la teoría y que servía sólo de una manera vaga para designar el fin de la actividad" (1967:59).

En este mismo sentido se pronuncia Valdés (1967: 33) que consideró, de forma genérica, que la utilización de este término venía unida a la mejora de cualquier actividad aunque siempre basada en los aspectos materiales; según lo expuesto por Jordana de Pozas y, más tarde Ballbé, fueron ellos quienes dotaron a este vocablo "de un significado técnico concreto, de sentido instrumental, independiente del objeto, aunque no de la finalidad de utilidad (no es preciso que persiga la mejora, bastando con que se encamine a la conservación)".

Para Sulleiro (1977:30) "es a través de la acción de fomento cómo la Administración perfila más reciamente los contornos del derecho honorífico. [...] Es decir, como medio de la Administración orientado al fomento del bien común".

Se conjugan, de esta manera, lo social y lo político, a través de la vía administrativa, que buscará atribuir signos de distinción a las personas o grupos acreedores a ellos en beneficio del bien común. Así lo expresa Sulleiro (1977:27) al afirmar "que en todo acto honorífico hay que buscar, y hallar, el valor que aquel denuncia y expresa, y que hay que esforzarse en la legitimidad de la adecuación".

La acción administrativa necesaria para el otorgamiento de honores y distinciones será resumida por Valdés (1967: 32) de forma especialmente clara a través de las siguientes palabras:

> "Si la suprema autoridad pública decide poner por obra un determinado plan, o seguir una determinada <política>, lo primero que hará será darle la debida publicidad, exhortando a sus súbditos a la cooperación y facilitando al mismo tiempo ésta mediante disposiciones adecuadas; si los resultados no son suficientes, usará de su "*imperium*" aplicando medidas coercitivas, ya en sentido positivo, ordenando que los ciudadanos realicen determinados actos, ya en sentido negativo, prohibiendo otros; no bastando aún esto, e igualmente en el uso de su "*imperium*", asumirá las funciones de órganos o instituciones sociales o particulares, subrogándose en sus derechos y obligaciones, bien en forma concurrente, bien, y esto es lo más común, en exclusiva".

Del mismo modo se expresa Sulleiro (1977: 29) al considerar que "la Administración se enfrenta con el administrado, no a través de las prohibiciones tan propias del derecho penal, sino de los estímulos tan esencialmente vinculados al premial.

[...] enfila(*ndo*) siempre la proa hacia la realización de los servicios públicos, finalidad que, [...] no consistan, precisamente, en poner limitaciones, sino en ensanchar los horizontes del hombre hacia el generoso campo de la recompensa".

3. APROXIMACIÓN NORMATIVA

3.1. Normativa Estatal

La base legislativa que afecta, de una manera u otra, a nivel estatal a los honores y distinciones es la siguiente:

- Constitución Española[18].

1) Título VIII (De la Organización Territorial del Estado).
   - Capítulo I (Principios Generales). Artículos 137-139.
   - Capítulo II (De la Administración Local). Artículos 140-142.
   - Capítulo III (De las Comunidades Autónomas). Artículos 143-158.

- Ley 7/1985, de 2 de abril (LRBRL), Reguladora de Bases de Régimen Local[19].

1) Artículo 22 b);
2) Artículo 47.2 e);
3) Artículo 123.1 e).

- Real Decreto Legislativo 781/1986, de 18 de abril, texto refundido de las disposiciones legales vigentes en materia de Régimen Local[20].
- Real Decreto 2568/1986, de 28 de noviembre (ROF), por el que se aprueba el Reglamento de organización, funcionamiento y régimen jurídico de la Entidades Locales[21].

1) Título I: Estatutos de los miembros de las Corporaciones Locales.
   - Capítulo IV (Tratamientos honoríficos).
   - Artículo 34: Tratamiento honorífico de los presidentes de Diputaciones Provinciales y de los Cabildos y Consejos Insulares.
2) Título II: Organización necesaria de los entes locales territoriales.
   - Capítulo II: De la provincia.
   - Sección 4ª: Del Pleno; Artículo 70.28: concesión de medallas, emblemas, condecoraciones u otros distintivos honoríficos y conferir títulos de hijos predilectos o adoptivos o de miembros honorarios de la Corporación.
3) Título VI: Procedimiento y Régimen Jurídico.
   - Capítulo I: Procedimiento administrativo.

---

[18] Boletín Oficial del Estado nº 311, de 29 de diciembre de 1978.

[19] Boletín Oficial del Estado nº 80, de 3 de abril de 1985; rectificación en el Boletín Oficial del Estado nº 139, de 11 de junio de 1985.

[20] Boletín Oficial del Estado nº 96, de 22 de abril de 1986 y Boletín Oficial del Estado nº 97, de 23 de abril de 1986; rectificación en el Boletín Oficial del Estado nº 165, de 11 de julio de 1986 y Boletín Oficial del Estado nº 282, de 25 de noviembre de 1986.

[21] Boletín Oficial del Estado nº 305, de 22 de diciembre de 1986.

- Sección quinta: De los honores y distinciones; artículos 186-191.

- Ley 57/2003, de 18 de diciembre, de medidas para la modernización del gobierno local[22].

La norma suprema del ordenamiento jurídico español, la Constitución Española[23] de 1978 establece, en el título preliminar los nueve primeros artículos que forman el corpus que se desarrollará posteriormente. Para este trabajo de investigación nos detendremos, en primer lugar en el artículo 2 donde enuncia que ésta se fundamenta en la indisoluble unidad de la Nación española, patria común e indivisible de todos los españoles, y reconoce y garantiza el derecho a la autonomía de las nacionalidades y regiones que la integran y la solidaridad entre todas ellas. Este es el primer punto donde se recoge la autonomía que servirá de base a la posterior regulación de las Comunidades Autónomas.

El título III de esta CE titulado *De las Cortes Generales* que, a su vez, está dividido en tres capítulos, tenemos que hacer notar la especial relevancia del segundo de ellos "De la elaboración de las leyes". En su artículo 81 refiere "son leyes orgánicas [...] las que aprueben los Estatutos de Autonomía". Es decir, serán estos últimos los que conformen el marco regulador de la respectiva autonomía siempre que no contradiga lo expuesto en la referida CE.

No será hasta el Título VIII: *De la organización territorial del Estado*, en su capítulo primero *Principios generales* en el artículo 137 donde se organiza territorialmente el Estado en municipios, provincias y en las Comunidades Autónomas que se constituyan. Las Corporaciones Locales están tratadas en el Capítulo II *De la Administración Local* y en su artículo 141 hace referencia a las provincias definiéndolas como "entidad local con personalidad jurídica propia determinada por la agrupación de municipios y división territorial para el cumplimiento de las actividades del Estado". Más adelante, en el Capítulo III, se ocupa de las Comunidades Autónomas. Para el caso de Andalucía, se celebra el 28 de febrero de 1980 un referéndum de ratificación de la iniciativa autonómica por la vía del artículo 151 y el Estatuto es aprobado en referéndum popular el 20 de octubre de 1981, siendo ratificado por las Cortes y sancionado por S.M. el Rey D. Juan Carlos I en diciembre de ese mismo año[24].

Nos encontramos, por tanto, con dos Administraciones jerárquicamente superiores a la Diputación que pueden, y, de hecho, legislan en referencia a la materia de los honores y distinciones. El reflejo de esta premisa lo encontramos, a nivel estatal, en el Real Decreto 2568/1986, de 28 de noviembre; donde en su Título VI *Procedimiento y Régimen Jurídico*, Capítulo I *Procedimiento Administrativo*, Sección 5ª *Honores y Distinciones*, recoge en su articulado los elementos definitorios del derecho premial a nivel local del siguiente modo:

- Artículo 186: Concesión de honores o prerrogativas especiales.
- Artículo 187: Escudos heráldicos.

---

22 Boletín Oficial del Estado nº 301, de 17 de diciembre de 2003.

23 En adelante para su cita, CE.

24 http://www.parlamentodeandalucia.es/opencms/export/portal-web-parlamento/elparlamento/historia/procesoautonomico/cronologiadelproceso.htm (Consultado el 12 de diciembre de 2014).

- Artículo 188: Sello de la Corporación local.
- Artículo 189: Distinciones honoríficas.
- Artículo 190: Nombramiento de hijos predilectos, adoptivos y miembros honorarios de la Corporación.
- Artículo 191: Régimen jurídico de la concesión de los honores y distinciones.

De especial importancia para la realización de este trabajo de investigación son los tres últimos artículos que tratan directamente el tema de los honores y distinciones. De este modo, el artículo 189 enuncia:

> "Las Corporaciones locales podrán acordar la creación de medallas, emblemas, condecoraciones u otros distintivos honoríficos, a fin de premiar especiales merecimientos, beneficios señalados o servicios extraordinarios".

La facultad que otorga este artículo a las entidades locales para los reconocimientos que estimen necesarios, son variadas y les permite una autonomía propia. De este modo se consigue que puedan adaptarse a las necesidades de una sociedad cambiante y en constante evolución. Según dice Vilarrubias (1980: 17):

> "los honores no pueden nacer muertos, deben ser actuales; ofrecer impacto a lo generacional, emitir un mensaje inteligible a la problemática social de nuestros días, ser, en definitiva, signo y voz, ejemplo y modelo válido para el hombre y la sociedad".

El artículo 190 faculta a las Diputaciones Provinciales para acordar los nombramientos de hijos predilectos y adoptivos y de miembros honorarios de la Corporación, atendidos los méritos, cualidades y circunstancias singulares que en los galardonados concurran y que serán aplicados con el mayor rigor en expediente que se instruirá al efecto.

Se establecen, por tanto, en estos dos artículos una clasificación en grupos, el primero, constituido por medallas, emblemas y condecoraciones, y el segundo, más genérico, que denomina "otras distintivos honoríficos". El tercer grupo, independiente de los dos señalados anteriormente, está en la capacidad que se atribuye a las Corporaciones locales, para conferir títulos de hijos predilectos o adoptivos o de miembros honorarios de la Corporación. En consecuencia, el segundo grupo, que el Reglamento denomina "otros distintivos honoríficos", se convierte en residual, de forma que en él habrán de incluirse aquellos distintivos que no sean medallas, emblemas o condecoraciones, ni los nombramientos de Hijos Predilectos o Adoptivos y Miembros Honorarios.

Una vez sentado lo que son estos distintivos honoríficos, sólo cabe incluir en el grupo aquellas distinciones que presentando ciertamente un carácter honorífico no se integran en ninguno de los otros grupos. Tales serán las denominadas distinciones conmemorativas plásticas, según la terminología de J. Valdés y Menéndez Valdés (1967:154), que se otorgan, no en consideración a los méritos del sujeto, sino a la relevancia o representatividad de la función que ejerza, y aquellas otras distinciones cuya concesión no da origen a ningún derecho especial, al contrario de lo que ocurre con las condecoraciones. Así pues, este grupo, está integrado, entre otras, por las siguientes:

- Llaves de la ciudad.
- Rotulación de una vía pública en el nombre de una persona o institución.
- Levantamiento de un monumento.
- Colocación de una lápida en homenaje a un individuo o colectividad.
- Emisión de monedas y sellos[25].

Los títulos de Hijo Predilecto o Adoptivo y de Miembro Honorario de la Corporación son honores a conferir por las Corporaciones Locales; los primeros se entienden, naturalmente, dentro de su competencia territorial y sólo podemos considerar el título de Hijo Predilecto como una creación tradicional de derecho municipal, una institución *sui generis* sin más contenido que el puramente moral y el de "hijo adoptivo" como una ficción de naturaleza honoris causa y carente de otros efectos legales que los de conferir un honor público (Valdés, 1967: 153-154).

Por otra parte, los nombramientos de miembros honorarios de las corporaciones no otorgarán en ningún caso facultades para intervenir en el gobierno o administración de la entidad local, pero habilitarán para funciones representativas cuando éstas hayan de ejercerse fuera de la demarcación territorial respectiva. Para concederlos a extranjeros se requerirá autorización expresa del Ministerio para las Administraciones Públicas, previo informe del de Asuntos Exteriores.

Es preceptiva, según el artículo 191, de la aprobación de un reglamento especial que determinará los requisitos y trámites necesarios para la concesión de estos honores y distinciones.

3.2. Normativa Autonómica Andaluza

A nivel autonómico, la base legislativa que regula los honores y distinciones de las Corporaciones Locales es la siguiente:

- Real Decreto 698/1979, de 13 de febrero, sobre transferencias de competencias de la Administración del Estado a la Junta de Andalucía en materia de Administración Local, Agricultura, Transporte, Urbanismo, Actividades Molestas y Turismo[26].

[25] Ley 24/2006, de 7 de julio, sobre la declaración del año 2006 como Año de la Memoria Histórica (BOE nº 162, de 8 de julio de 2006). Vinculó al Gobierno a promover la "emisión de sellos y signo de franqueo conmemorativos" según se recoge en la disposición adicional segunda.

[26] Boletín Oficial del Estado nº 82, de 5 de abril de 1979.

- Real Decreto 3315/1983, de 20 de julio, sobre traspaso de funciones y servicios de la Administración del Estado a la Comunidad Autónoma de Andalucía en materia de Administración Local[27].
- Ley 6/2003, de 9 de octubre, de símbolos, tratamientos y registro de las Entidades Locales de Andalucía[28].
- Ley Orgánica 2/2007, de 19 de marzo, de reforma del Estatuto de Autonomía para Andalucía[29].

Respecto al tema de nuestra investigación hay que destacar en el Real Decreto 698/1979, en el Capítulo Primero *Competencias de la Administración del Estado que se transfieren a la Junta de Andalucía*, Sección Primera *Administración Local*, artículo uno que manifiesta: "se transfieren a la Junta de Andalucía las siguientes competencias de la Administración del Estado en materia de organización, régimen jurídico, bienes y servicios de las Corporaciones Locales". El punto seis, titulado *Honores y distinciones* engloba tres apartados:

- Seis uno. La autorización de Reglamentos especiales de las Corporaciones Locales para la concesión de honores y distinciones.
- Seis dos. La autorización para las modificaciones de nombres de calles, plazas, parques y conjuntos urbanos.
- Seis tres. La conformidad a los acuerdos de las Corporaciones Locales sobre concesión de honores y distinciones.

Por otra parte, el Real Decreto 3315/1983 realiza otro traspaso dentro del ámbito de estudio. El anexo I, parte B), se incluyen nuevas funciones que asume la Comunidad Autónoma de Andalucía en materia de Administración Local. El punto 3, llamado *Régimen Jurídico* establece en el apartado 3.1. "la concesión a las Corporaciones locales de tratamientos, honores o distinciones, así como el otorgamiento a los municipios y provincias de títulos, lemas y dignidades, previa la instrucción de expediente, y la aprobación de escudos heráldicos municipales, previo informa de la Real Academia de la Historia". Este será desarrollado posteriormente en la Ley 6/2003 que, en la exposición de motivos estima "la necesidad de reafirmar la autonomía de las Entidades Locales".

Aunque toda esta normativa es extensiva a los municipios, provincias y demás Entidades Locales territoriales de la Comunidad Autónoma de Andalucía, su actuación sólo es válida para los elementos gráficos (escudos y emblemas), las expresiones verbales (los tratamientos que les corresponden o que les puedan corresponder), los símbolos vexilológicos que las representan (banderas, estandartes, pendones, etc.) y sus símbolos sonoros (himnos). En ningún caso hacen referencia a los honores y distinciones que se pueden recibir los administrados, ya que como afirma Montaner (2010: 125):

---

27 Boletín Oficial del Estado nº 11, de 13 de enero de 1984 y Boletín Oficial Junta de Andalucía nº 8, de 24 de enero de 1984.

28 Boletín Oficial Junta de Andalucía nº 210, de 31 de octubre de 2003 y Boletín Oficial del Estado nº 279, de 21 de noviembre de 2003.

29 Boletín Oficial del Estado nº 68, de 20 de marzo de 2007.

> "la ostentación de un emblema, sea escudo de armas o bandera, no es un honor (concepto derivado de la confusión generalizada desde la Edad Moderna entre derecho de armas y nobleza), sino un elemento visual que posee, respecto de su titular, una básica función identificadora, al igual que el nombre propio, aunque además suela poseer n dimensión identitaria (empleando el neologismo sin connotaciones ideológicas específicas), en virtud de la cual proyecta ante terceros la personalidad social del titular".

Este es el motivo por el cual no vamos a entrar en su análisis.

PARTE II.
LOS REGLAMENTOS DE HONORES Y DISTINCIONES

La primera normativa de la que hemos tenido noticia referente al tema de los honores y distinciones es una circular del Ministerio de la Gobernación de 30 de mayo de 1877 (Gaceta de 4 de junio de 1877) en la que se dispuso que los ayuntamientos que consideraran necesaria la creación de alguna condecoración municipal, u otra clase de recompensa, debían instruir el oportuno expediente en el que harían constar las causas en la que se fundaba tal petición así como los diseños de cruces y medallas propuestos. Estos expedientes debían ser remitidos al Gobernador civil de la provincia para que, oyendo a la Diputación Provincial, pudiese cursarlos al Ministerio junto con la copia del que emitiese la corporación peticionaria.

La última, fue la Circular nº43 con fecha 19 de noviembre de 1958 de la Dirección General de Administración Local, dependiente del Ministerio de la Gobernación, en la que se instaba a las Entidades Locales a la realización de sus respectivos reglamentos donde se regulasen las recompensas a otorgar por las Corporaciones así como la descripción de las mismas. Fruto de este llamamiento surgieron los reglamentos de honores y distinciones que, a continuación, vamos a estudiar.

CAPÍTULO 1.
LA DIPUTACIÓN DE ALMERÍA

1. LOS ORÍGENES DE LA DIPUTACIÓN DE ALMERÍA

La idea de crear una nueva provincia en la mitad oriental de Granada aparece por primera vez en el plan de organización territorial de Bauzá de 1813, que propuso la instauración de una gobernación subalterna con capital en Guadix. Si bien esta demarcación fue retrocediendo paulatinamente hacia el Este en sucesivas versiones de la división provincial, de acuerdo con el traslado de la capitalidad (Burgeño, 1995: 43).

En palabras de Cortés y Marina (1997: 82) estos cambios son la ejemplificación de la antigua dicotomía señorío-interior frente a realengo-costa de la que nace la dualidad de las parejas Guadix-Baza frente a Adra-Almería. Por lo que en 1821 se consideró a Baza como la capital según pensamientos de Bauzá y Larramendi ya que era una población más central y accesible para el conjunto de la provincia. Pero la comisión de Cortes, tras consultar la cuestión con los diputados por Granada (que estaban totalmente en contra de la segregación), estimó más conveniente fijar la capital en Almería puesto que tenía "más población que Baza en aquella época, ser silla episcopal y favorecía a los puertos de mar"[30]. Sus límites se fijaron reproduciendo el perfil diocesano establecido con la única modificación de la incorporación de Adra en 1829.

Pero, institucionalmente, los documentos acerca de la constitución de la primera Diputación de Almería que se conserva en el Archivo provincial tienen la fecha del 15 de noviembre de 1835[31] en que se reunió, bajo la presidencia de D. Joaquín de Vilches (Gobernador Civil) con el fin de realizar el "nombramiento de la comisión para el examen de los documentos de elección presentados por los señores Diputados". A esta reunión asistieron los señores D. José Bordiú Góngora, Comisionado regio en el ramo de Hacienda de esta Provincia, D. José Garifo, D. Mariano Ybarra, D. Francisco Salmerón, D. Diego María García, D. Alejandro

[30] A.C.D.: Diario de Sesiones de Cortes: 1 de octubre de 1821, p. 56.
[31] A.D.P.AL.: Libro de Actas de Sesiones Plenarias L-9.

María Giménez, D. Diego Antonio de Liria, D. Joaquín Sánchez García y D. Miguel Ramírez en concepto de Diputados electos por los Partidos para formar la Junta Provincial, faltando únicamente D. Miguel de Molina, representante del de Vélez Rubio.

A estos, el presidente les dirigió unas palabras en la que se constata la creación de esta institución:

> "Señores, entre los beneficios que deben los pueblos a la liberalidad de la augusta Reyna Gobernadora, ninguno hay de mayor importancia que la formación de las Diputaciones Provinciales, que elegidas popularmente para ser las mediadoras entre el gobierno y los ciudadanos, representan los intereses y necesidades de las provincias.
>
> Uds., llamados por la voluntad de sus partidos al ejercicio de tan sublime como delicado encargo, tienen en la mano cuanto necesitan para promover la felicidad pública, los repartimientos de hombres y dinero, la inversión y manejo de los fondos de Propios, Arbitrios y Pósitos, la formación, aumento, equipo y sostén de la Guardia Nacional, en una palabra, la intervención directa en todos los negocios de que dependa la seguridad del Trono, y la prosperidad del país, son los objetos en que se ve empeñado su patriotismo, y yo espero que Uds. Lo satisfarán de tal modo, que se hagan acreedores de la gratitud de la Provincia".

Desde ese momento su camino ha sido ininterrumpido hasta nuestros días.

2. LOS REGLAMENTOS DE HONORES Y DISTINCIONES DE LA DIPUTACIÓN PROVINCIAL DE ALMERÍA

2.1. Reglamento para la Concesión de Placas de Honor y Gratitud y Medallas de Oro, Plata y Bronce de 1952

Con el punto 17 del orden del día de la sesión ordinaria del Pleno de 21 de mayo de 1952[32], fue aprobado este primer reglamento según el dictamen de la Comisión de Gobierno creada para este fin cuyo preámbulo fijó la necesidad de la regulación de esta normativa del siguiente modo:

> "Creado por la Excma. Diputación el Escudo Provincial, en cuyo campo heráldico aparecen recogidos los blasones de sus partidos judiciales, incluido el de la capital de Almería, expresión de toda su gama de grandes y glorias pasadas, resumiéndose así todo el sentido histórico y tradicional de la provincia, irradiándose en su total conjunto un sentido de hermandad y verdadera fraternidad entre sus tierras y entre sus hombres a la misma causa de servir y dar gloria a España, madre común, surgen como complemento de esta noble empresa la creación, sobre la base del expresado Escudo, de la Placa de Honor y Gratitud y Medalla de la Provincia de Almería, en sus varias categorías, destinadas a subrayar méritos agradecer servicios y como expresión del debido reconocimiento por prestaciones o ayudas que contribuyan a la labor encomendada por la

[32] A.D.P.AL.: Libro de Actas de Sesiones Plenarias: L-2490, pp. 91-94

> Corporación. La concesión de la misma impone un criterio restrictivo en sentido acentuado y en proporción a la calidad y significación de la recompensa, para impedir la minoración de su significado y finalidad perseguida. Todo ello aconseja la necesidad de fijar normas adecuadas que regulen el procedimiento de concesión y establezca las directrices del expediente que proceda tramitar en cada caso atendido la diversidad y categoría de las mismas. De conformidad a lo expresado, esta Comisión se permite formular las siguientes propuestas ante la Excma. Diputación Provincial:
>
> 1º.- La creación sobre la base del escudo Provincial de las siguientes distinciones honoríficas: Placa de Honor y Gratitud; Medalla de Oro; Medalla de Plata y Medalla de Bronce de la provincia de Almería para subrayar méritos agradecer servicios y como expresión del debido reconocimiento por prestaciones o ayudas que contribuyen la labor encomendada a la Excma. Diputación.
>
> 2º.- Propuesta de reglamento para la concesión de Placas de Honor y Gratitud y Medallas de la Provincia de Almería por la Excma. Diputación Provincial".

El texto legal se componía de 21 artículos de sencilla redacción que buscaban facilitar el trámite del reconocimiento público ofrecido por la Diputación de Almería. La finalidad de estas distinciones honoríficas era la de recompensar "los merecimientos relevantes contraídos por actos destacados que redunden en beneficio moral o material de la Patria, de la Provincia o de los Establecimientos que de ella dependan". Las categorías de estos galardones fueron: Placa de Honor y Gratitud, Medalla de Oro, Medalla de Plata y Medalla de Bronce.

La diferencia entre unos y otros era la siguiente: los reconocimientos de la Placa de Honor iban destinados a reconocer los servicios excepcionales prestados a la Patria en cualquier orden de la actividad humana y su número no podía exceder de diez; por otro lado, las Medallas buscaban recompensar los méritos destacados en el ámbito de la provincia o alguna institución que dependiese de aquella de forma realmente trascendente. Según la trascendencia de aquellos, se definiría la categoría de la medalla a conceder a tenor de lo estipulado en el artículo quinto:

> a.- Actuación meritoria y relevante en la vida pública en cualquiera de sus manifestaciones, político, social, científico, artístico o filantrópico.
>
> b.- Eficientes servicios prestados a la provincia de Almería.
>
> c.- Servicios meritísimos realizados en la Excma. Diputación por sus componentes o funcionarios.
>
> d.- Actividades de generosidad o desprendimiento, aportaciones interesantes que lo ayuden a la mejora y grandeza de los pueblos. Fines de beneficencia general, enseñanza y cultura de competencia de la Corporación.
>
> e.- Otros merecimientos o servicios no comprendidos en la enumeración anterior que a juicio de la Diputación fueran acreedores a su recompensa.

En el artículo sexto se detallaba que, el número de medallas de oro que podía conferir la Diputación de Almería no podía sobrepasar las diez; las medallas de plata no ser superiores a treinta y no existía limitación para las de bronce. Ambos galardones, placas de honor y medallas, según el contenido del artículo séptimo era susceptible de ser otorgado tanto a personas físicas como a entidades de cualquier género. La iniciativa del otorgamiento podía partir de la Corporación, por una parte, o de autoridades o entidades legalmente constituidas con peso específico en la provincia.

Los procedimientos que se seguían para el otorgamiento de los distintos galardones se recogen en diferentes artículos. En el artículo noveno se especificaban las claves para la gestión del galardón: Placa de Honor y Gratitud. Había que instruir un expediente tramitado por un diputado asistido por un funcionario de la Secretaría General que comprobaría si, la persona o entidad, reunía los méritos necesarios para enviar una propuesta a la Comisión de Gobierno cuyo dictamen se elevaría al Pleno de la Corporación. Se aceptaba o negaba la concesión con la unanimidad de los miembros que formaban de hecho la Diputación Provincial en ese momento.

El artículo décimo nos describía las pautas a seguir para la Medalla de Oro. La diferencia más importante estaba en el número de votos que requería su concesión. Debía contar con la asistencia mínima de cuatro quintas partes de los diputados de derecho que formaban la Corporación y había de contar con la votación mínima de dos tercios del número legal de aquella realizados de forma secreta.

Con el artículo once se nos aclaraba el número de votos para la autorización de la Medalla de Plata; también sería votación secreta pero necesitaba dos tercios del número legal de diputados que integraban la Corporación.

La Medalla de Bronce podía realizarse de forma nominal si así lo estimaba la Corporación y debía reunir los mismos requisitos de propuesta y dictamen que los galardones anteriores. Al igual que en otros reglamentos de las Diputaciones Provinciales, el artículo 13 permitía la utilización de los elementos identificativos de estos galardones en los actos oficiales a los que fuesen invitados así como una miniatura para un uso más cotidiano.

En cuanto a la descripción de los emblemas característicos, la encontramos a partir del artículo quince que nos explicaba cuál era el diseño de la Placa de Honor; tendría en una de sus caras el Escudo de la Provincia de Almería adornado con piedras preciosas y por la otra la inscripción: Excma. Diputación de Almería, Placa de Honor y Gratitud junto con el nombre de la persona o entidad y la fecha de la concesión. En cuanto a las medallas, el artículo 16 nos indicaba que tendrían el mismo formato que el de la placa pero confeccionadas en el material propio de cada categoría.

En cuanto a la entrega de los distintivos el artículo 17 permitía que estos tuvieran lugar mediante un acto solemne o, simplemente, mediante una comunicación. El contador de las distinciones otorgadas se llevaría a través de un libro que registraría las concedidas con su número de orden, fecha y el nombre del homenajeado y un apunte sintético de sus méritos que sería guardado por la Secretaría General.

Para el caso de las distinciones entregadas al Jefe del Estado, tal y como nos detallaba el artículo 20, requerían de la propuesta de la Presidencia y sólo era necesario el acuerdo unánime de la Corporación en sesión extraordinaria a la que debían concurrir, como mínimo, cuatro quintas partes del número legal de componentes que integrasen la Diputación en ese momento.

Por último, el artículo 21 permitía el uso de estas condecoraciones, en caso de fallecimiento del titular de la misma, a su viuda o, en su defecto, a su primogénito junto a una cinta negra. Este reglamento fue publicado en el Boletín Oficial de la Provincia[33] de Almería número 180 de 8 de agosto de 1952.

Otra premisa importante que no figuraba recogida en esta normativa fue la imposibilidad de entregar honores de ninguna clase a personas que se encontrasen ejerciendo funciones dentro del ámbito de la Administración, ya que aún no había entrado en vigor el reglamento de organización, funcionamiento y régimen jurídico de las Corporaciones Locales aprobado por Decreto de 17 de mayo de 1952[34]. Esta puntualización fue remitida por el Gobierno Civil mediante la circular número 30 y que se publicó con anterioridad a la entrada en vigor del reglamento de honores y distinciones a través de su inserción en el Boletín Oficial de la Provincia de Almería nº 162 de 16 de julio de 1952.

2.2. Nombramientos de Hijo Predilecto, Hijo Adoptivo y Miembros Honorarios de la Corporación en 1954[35]

En la sesión de la Corporación de fecha 25 de junio de 1954, se acordó unánimemente la aprobación de otros galardones por parte de la Diputación Provincial de Almería. Teniendo como base el anterior reglamento expuesto, se procedió a la adición de otros nombramientos honoríficos como fueron los de Hijo Predilecto, Hijo Adoptivo y Miembros Honorarios de la Corporación con la finalidad de "completar todo lo relativo a honores y distinciones".

En cuanto al procedimiento administrativo que hubo de seguirse para los nuevos nombramientos, se detallaron en unos escuetos cinco artículos que recogían, en primer lugar, cuales son las distinciones honoríficas. En segundo lugar, en quienes podían recaer: personas que reúnan "méritos, cualidades y circunstancias" que debían incluirse en un expediente para su valoración. En tercer lugar, se detallaban los miembros que compondrían la instrucción; recaería en un Diputado o por la propia Presidencia que estaría asistido por un funcionario de la Secretaría General. El cuarto artículo permitía que, a la finalización de la instrucción del expediente, el Diputado encargado de éste, formulase la pertinente propuesta que pasaría a ser debatida por la Comisión de Gobierno, cuyo dictamen era elevado al pleno de la Corporación que, mediante votación secreta, otorgaba o rechazaba la concesión de estos nombramientos. En cualquier caso, para que este sufragio hubiera resultado válido, tenía que contar con los votos de dos tercios del número legal de diputados que integraban, en ese momento, la Diputación Provincial.

El quinto artículo preveía la misma tramitación, por parte de la Diputación Provincial, para cualquier otra distinción honorífica que pudiera darse en el futuro.

---

33 En adelante para su cita, BOP.

34 Reglamento de Organización, Funcionamiento y Régimen Jurídico de las Corporaciones Locales (BOE nº 159 de 7 de junio de 1952), pp. 2532-2556.

35 Boletín Oficial de la Provincia de Almería nº 157 de 14 de julio de 1954, pp. 1-2.

2.3. Modificación del primer reglamento en 1967[36]

En la sesión celebrada el 27 de abril de 1967, se acordaron los trámites necesarios para la modificación del artículo sexto del reglamento para la concesión de las Placas de Honor y Gratitud y las Medallas de la Diputación de Almería. La finalidad era ampliar el número de medallas que podían entregarse, lo que fue aprobado y cuya redacción quedó de la siguiente forma:

> "Artículo 6º.- El número de Medallas de Oro que podrán ser concedidas por la Corporación, no podrá exceder de veinte; de treinta para las de Plata, y sin limitación las de bronce".

2.4. El Reglamento de Honores y Distinciones de 1998[37]

Este texto que vamos a analizar fue aprobado por el Pleno de la Diputación de Almería del día 27 de febrero de 1998[38] en el punto 6 cuyo trámite de información pública fue expuesto a través del BOP[39] con el que se abrió un plazo de 30 días para las alegaciones al texto presentado. Como no se produjo ninguna reclamación, el sencillo texto de 16 artículos entró en vigor al día siguiente de su publicación en el BOP de Almería.

Con la Exposición de Motivos se justifica la redacción y puesta en vigor de este reglamento en unos términos similares a los de la hipótesis de esta investigación:

> "El cumplimiento por parte de las instituciones de las competencias y funciones que le son atribuida por la ley tienen como objeto final el progreso, el bienestar y la calidad de vida de los ciudadanos. No obstante, determinados esfuerzos de particulares, instituciones y colectivos sociales, inciden igualmente en beneficio de la sociedad en distintos ámbitos de la vida. Este tipo de esfuerzos debe ser agradecido por el conjunto de los ciudadanos a través de las instituciones que los representan".

Con su primer artículo se exponían las clases de distinciones y, en los siguientes, se explicaban los méritos valorables para cada caso. Todas ellas han sido consideradas como medios de gratitud y reconocimiento hacia los galardonados.

La Medalla de Oro de la Provincia de Almería es la más alta distinción que se otorga por esta Corporación, se puede otorgar a personas, grupos o entidades que se hayan destacado por su labor o acciones en bien de la provincia de Almería, España o de la comunidad internacional en cualquier orden de la actividad humana siempre que sean trabajos especialmente sobresalientes.

---

36 Boletín Oficial de la Provincia de Almería nº 120 de 27 de mayo de 1967, p. 2.

37 Boletín Oficial de la Provincia de Almería nº 120, de 24 de junio de 1998, pp. 5-8.

38 A.D.P.AL.: Libro de Actas de Sesiones Plenarias: L-5572, pp. 142-143.

39 Boletín Oficial de la Provincia de Almería nº 59, de 26 de marzo de 1998, p. 17.

La Medalla de la Cultura busca destacar el papel que los autores intelectuales, ya sean artistas o artesanos, o en cualquier otro ámbito de actuación o de la gestión cultural que esté relacionada con la provincia de Almería.

La Medalla del Deporte quiere tener el mismo alcance pero para personas, naturales o jurídicas, colectivos y grupos que desarrollen su actividad en este terreno en la provincia de Almería.

La Medalla Social va dirigida "hacia aquellas personas naturales o jurídicas, colectivos sociales, organizaciones no gubernamentales y grupos, que se han destacado por sus esfuerzos de carácter social o solidario, participación ciudadana, conquistas científicas, creación de empleo, promoción de la provincia u otros méritos de relevancia social".

Por último, el Escudo de Oro está enfocado en el personal de la Diputación o personas e instituciones vinculadas con el funcionamiento de la Corporación, tengan o no relevancia pública. Además, el artículo sexto recoge que se otorgará a todos los empleados de la Diputación Provincial con motivo de su jubilación así como su concesión a aquellas personalidades que realicen alguna visita a la Corporación como atención protocolaria.

Al igual que en otros reglamentos de esta misma clase, la iniciación del procedimiento para cualquiera de los galardones se realizará a través de un expediente, éste puede ser promovido por:

1.- La corporación provincial, sus órganos de gobierno o sus diputados.

2.- Petición de ayuntamientos, consorcios, autoridades, instituciones, asociaciones, colectivos sociales y vecinos que sean de la provincia de Almería.

El expediente contendrá toda la documentación necesaria que acredite los valores estimados para su concesión que podrán recabarse mediante informes, curriculums, diligencias, etc. El acuerdo de concesión le pertenece al Pleno que requiere, para la Medalla de Oro, las dos terceras partes del número legal de miembros de la Corporación; y, para el resto de las medallas, la mayoría absoluta. En el caso del Escudo de Oro, sólo es necesaria una Resolución de la Presidencia que se hará contando con los valores que justifiquen dicho merecimiento.

Por último, se contemplan una serie de disposiciones comunes para todas las condecoraciones. La primera de ellas está expuesta en el artículo 10 donde se indica que todos los galardones pueden ser otorgados a "personas naturales o jurídicas, colectivos sociales y grupos, españoles o extranjeros". Con el artículo 11 se aclara que todas las distinciones son de carácter honorable y que a lo más que pueden acreditar es para funciones protocolarias solamente. El artículo 12 posibilita a las personas recompensadas a lucir sus distintivos en los actos públicos de la Diputación de Almería a los que serán invitados y en los que ocuparán un sitio preferente sin entorpecer las precedencias oficiales. El artículo 13 permite la concesión de los honores a título póstumo y con el artículo 14 obliga a la publicación del otorgamiento en el Boletín Oficial de la Provincia.

El registro de las recompensas será llevado mediante un libro en el que habrá de constar el nombre de la persona premiada, las fechas del acuerdo y de la entrega y una breve muestra de los motivos por los que se les concede. En cuanto a la imposición, el artículo 16 expone que serán entregadas por el Presidente de la Corporación en un acto público en el que el Secretario dará lectura del acuerdo y, además de la medalla, se le entregará una credencial.

La disposición derogatoria deja sin efecto el reglamento anterior y, por último, existe un anexo en el que se presenta la descripción de las condecoraciones y una ejemplificación de los diseños y sus tamaños.

CAPÍTULO 2.
LA DIPUTACIÓN DE CÁDIZ

1. LOS ORÍGENES DE LA DIPUTACIÓN DE CÁDIZ

El punto de partida de la creación de esta provincia en el territorio de Cádiz sería con la habilitación del puerto de Sanlúcar de Barrameda para el comercio extranjero y el de las Américas, erigiéndose allí un consulado y dejando expedita la navegación del Guadalquivir. Fue una provincia marítima española de efímera existencia (1804-1808), que quedó constituida por Real Orden de 12 de diciembre de 1804. La creación de esta provincia se debió a la predilección que por Sanlúcar de Barrameda tuvo Manuel Godoy.

La fundación de la provincia se acompañó de la creación del Consulado Marítimo homónimo, debido a la posición estratégica de la ciudad en la desembocadura del Guadalquivir. La ciudad tenía tradición en ese sentido pues había sido sede de la Capitanía General de la Mar Océana y Costa de Andalucía hasta 1645. Además, muchos de los municipios que integraban la nueva provincia ya habían estado bajo la misma jurisdicción, formando parte de los estados de la casa de Medina Sidonia, cuya capital estuvo en Sanlúcar hasta 1645, y de su filial la casa de Ayamonte.

La provincia, que se extendía desde Rota hasta el río Guadiana, incluía las poblaciones de Lebrija, Las Cabezas de San Juan, Trebujena, Chipiona, Villamanrique de la Condesa, Pilas, Hinojos, Alcalá de la Alameda, Chucena del Campo, Villalba del Alcor, Huelva, Almonte, Gibraleón, Rota, Niebla, Ayamonte, La Redondela, Lepe, Cartaya, Moguer, Palos de la Frontera...

Desde su origen, la provincia contó con la oposición de Sevilla y Cádiz, y no logró sobrevivir a las convulsiones nacionales de 1808, que pusieron fin al gobierno de Godoy. Tal y como recoge Ojeda (1986:156), la provincia de Sanlúcar de Barrameda no parece contar con una efectividad operativa y, en este mismo sentido se expresa Burgeño (1995: 40), o quizás, estuviera condicionada por las circunstancias difíciles que se suceden en la península en fechas próximas a su creación.

El decreto de 19 de diciembre de 1812[40] establecía que la "Provincia Marítima de Cádiz con los partidos que la componen y los Pueblos que la constituyen a éstos, se comprenderá en el número de las Provincias que deben tener diputación provincial". Se había establecido como provincia marítima en el año 1799, desgajándose del Reino de Sevilla, junto a Málaga que se segregó de Granada, Alicante, Cartagena, Santander y Asturias. La ciudad que albergó las Cortes durante la ocupación francesa obtuvo el rango de provincia política (es decir, con diputación) pese a la oposición de la Regencia, que entendía que esta excepcional concesión no debía ser una recompensa de los servicios que hubiesen hecho las ciudades (Burgeño, 1995:38)

Sin embargo en esta zona, entre la división bonapartista (1810) y la elaborada durante el trienio constitucional (1821-1822) sucede que:

> "durante el período citado están conviviendo de forma solapada dos demarcaciones provinciales sobre los territorios que aquí se analizan: la provincia de Sanlúcar de Barrameda y la prefectura de Sevilla. Pero, a su vez, y en un escalón administrativo –el comarcal– los municipios onubenses de esta zona pertenecen, por un lado, a la subprefectura de Ayamonte y, por otro, a la subprefectura extraordinaria de Moguer, que abarca todo el condado de Niebla y su costa (Ojeda, 1986:11)".

La Diputación de Cádiz se "instala" el 16 de septiembre de 1813 de acuerdo con el decreto de 23 de mayo de 1812 y conforme a los artículos 326 y 329 de la Constitución de 1812. Fue reconocida como provincia marítima. Mediante Real Decreto de 22 de marzo de 1820, comunicado el 25 de abril se adoptó que la provincia marítima de Cádiz se comprenda en el número de las que deben tener Diputación Provincial.

Las Diputaciones viven durante la primera mitad del siglo XIX la inestabilidad que sacude al nuevo régimen liberal. Como institución, producto de este nuevo régimen, estará sujeta a los vaivenes políticos del momento. Desaparece en mayo de 1814. Reaparece el 1 de mayo de 1820[41], donde encontramos los siguientes documentos en forma de actas como nos informa Sanjuán Andrés (2012:281) y permanecerá durante todo el Trienio Liberal hasta octubre de 1823. De nuevo se constituye en febrero de 1836 y ya permanece, con distintas modificaciones legislativas y constitucionales, hasta nuestros días. (Guía de archivos... 2006:96).

---

[40] En el Archivo Histórico Nacional se conserva el Traslado del Decreto CCXIII, de 19 de diciembre de 1812, de las Cortes. La provincia marítima de Cádiz será contada entre las que deben tener su propia Diputación Provincial. A.H.N.: ES.28079. AHN/1.2.2.1.80.7//Consejos, L.3279,N.178 (Sanjuán, 2012:279).

[41] A.G.P.C.: Caja 4181. 2 de mayo de 1820.

2. LOS REGLAMENTOS DE HONORES Y DISTINCIONES DE LA DIPUTACIÓN PROVINCIAL DE CÁDIZ

2.1. Reglamento de la Creación de la Medalla de Cádiz de 1954[42]

La Diputación Provincial de Cádiz, en su sesión de la Comisión Gestora celebrada el día tres de abril de mil novecientos cuarenta y ocho[43] acordó crear la Medalla de la Provincia la cual estaba motivaba de la siguiente manera:

> "El interés creciente que en el ambiente ciudadano se forma alrededor de la vida de prosperidad de los pueblos, hace que cada día sea mayor el número de personas, jurídicas e individuales, que acuden a participar en los negocios públicos aportando su colaboración en muchas y variadas formas.
>
> El Estado, el gobierno y las Corporaciones de Derecho público, reciben con el calor que aporten los hombres conscientes del amor a la Patria, los resultados de un esfuerzo o de una iniciativa personal.
>
> Diversas son las formas de patentizar la gratitud por estas entidades: condecoraciones, acuerdos ministeriales o corporativos que se consignan en sus actas y se perpetúan en placas, pergaminos, etc. Ya en muchas Corporaciones se ha instituido la medalla local que es otro medio de premiar méritos y reconocer laboriosidades.
>
> Ha estudiado esta Presidencia lo conveniente que sería en estímulo según ya dejamos expresado –de la generosidad y del amor a las Instituciones y organismos provinciales y a los trabajos y celo por su prosperidad– crear la Placa de la Provincia, reglamentado su concesión y posesión, previendo en todo lo posible las circunstancias en que haya de concederse. A este objeto acompaña un proyecto de Reglamento que somete al estudio de V.E. con la propuesta expresa de que se nombre una Comisión que lo amplíe, modifique o restrinja a fin de mejorarlo y procurar que en un plazo breve quede incorporado a la labor que realizamos entre la que debe figurar ésta, que tendrá para nosotros la satisfacción de no ser tan ingrata como la de estar constantemente arbitrando recursos para cubrir obligaciones de tipo económico".[44]

Posteriormente, en la sesión celebrada el 7 de septiembre de 1948[45] se informó al Pleno, por parte del Presidente de la Corporación, de las dificultades en sus gestiones en Madrid referentes al acuerdo de abril por lo que se tuvo que cambiar el proyecto anterior en lo referente a la denominación de Medalla por Placa de la Provincia ya que ésta tenía que ser prendida por un alfiler y no mediante una cinta

[42] A.G.P.C.: Libro de Actas de la Comisión Provincial nº 210, folio 61. Escrito "Expuesto de la Presidencia sobre creación de la Placa de la Provincia" de fecha 16 de junio de 1954.

[43] A.G.P.C.: Libro de Actas de la Comisión Gestora nº 258, folio 46. Escrito "Creación de la Medalla de la Provincia" de fecha 3 de abril de 1948.

[44] A.G.P.C.: Expediente de Protocolo; Título: "Expuesto de la Presidencia y proyecto de Reglamento sobre la creación de la condecoración provincial "Medalla de la Provincia" y reglamento de Placa de la Provincia". Caja nº 5389.

[45] A.G.P.C.: Libro de Actas de la Comisión Gestora nº 258, folios 158-161. Escrito "Manifestaciones de la Presidencia referentes a la Placa de Oro y aprobación definitiva de su Reglamento" de fecha 7 de septiembre de 1948.

como se había acordado. Lo que se hace constar mediante "minuta" remitida por la Secretaría de la Diputación Provincial de Cádiz al Ministerio de Gobernación.

Tras las modificaciones pertinentes, se desarrolló el primer Reglamento de Honores y Distinciones de la Diputación de Cádiz que constaba de 15 artículos. En el punto primero se detallaba la finalidad de esta regulación: "premiar méritos, estimular actividades y remunerar trabajos no remunerables, así como satisfacer por el desempeño de cargos o funciones especiales a personas naturales o jurídicas". En su segundo punto se hacía una descripción del modelo de Placa que sería entregado y su tercer artículo refería las condiciones para su concesión que necesitaban el acuerdo en Pleno de la Diputación Provincial.

Debían ser solicitadas por los siguientes:

- A iniciativa de la Corporación o a propuesta de algunos de sus miembros.
- A petición y propuesta de uno o diversos Ayuntamientos.
- A petición de las autoridades provinciales.
- Por petición colectiva.

Además no se otorgaría ningún galardón a petición del propio interesado, tal y como detallaba el artículo cuarto. Las propuestas se debían realizar según lo establecido en los artículos precedentes y, la Diputación Provincial, disponía de la facultad de designar el personal que actuaría en la evaluación de los méritos estableciendo un juicio contradictorio cuando la solicitud fuese promovida por los colectivos b), c) y d), designando, para ello, un Juez entre sus componentes y un Secretario que sería un funcionario de la Corporación.

El artículo sexto indicaba la apertura de información pública del juicio contradictorio para lo que se citarían a declarar a las personas que suscribiesen la petición así como a todas aquellas sobre las que se tuviera presunción de que tenían pruebas de las circunstancias que concurriesen en la propuesta. Una vez ultimado el expediente, el Juez Instructor haría la propuesta razonada de la concesión para cualquiera de las categorías, según se hubieran apreciado los méritos (artículo 7). Para lo cual la Corporación resolvía la propuesta sin posterior apelación. Tras el acuerdo de concesión, éste era comunicado a la persona propuesta y publicado en el BOP para que, en treinta días, pudiese recibir el diploma acreditativo firmado por el Presidente y el Secretario de la Corporación (artículo 8), una vez satisfechos los derechos correspondientes que estaban expuestos entre los artículos noveno y treceavo.

Con la excepción de aquellos reconocimientos propuestos por la propia Corporación o alguno de sus miembros hacia personas de relevancia o por su labor a favor de la provincia, toda concesión llevaba consigo el pago de unos derechos según la clase y categoría del galardón otorgado. Este dispendio debía realizarse en los seis meses siguientes al acuerdo y era condición necesaria para expedir el diploma acreditativo si bien, tal y como señalaba el artículo onceavo, la Corporación gaditana podía eximir del pago al albur de las circunstancias concurrentes en la concesión aunque no se exceptuaban los timbres del Estado ni los de la provincia. Tal y como indicaba el artículo doceavo, el impago de las tasas y la consiguiente no posesión del título acreditativo, impedía el derecho a ostentar esta Placa.

Los derechos que se debían satisfacer, en el momento de la aprobación de este reglamento de honores y distinciones, dependían de las categorías que en él se establecían y que eran los siguientes:

- Placa de Oro: mil pesetas.
- Placa de Plata: quinientas pesetas.
- Placa de Bronce: cien pesetas.

Además se recogía la necesidad de satisfacer los timbres provinciales correspondientes recogidos en la Ordenanza al efecto para la expedición de Títulos y Diplomas.

En el siguiente capítulo se detallaban las categorías y clases de las medallas. En el artículo 14 se especificaban las tres categorías de las que constaba la Placa de la Provincia de Cádiz: de oro, plata y bronce. Y el artículo 15 indicaba la descripción de los mismos; la Placa se usaba con pasador para colocarla sobre el pecho con los colores oportunos y también podía usarse una miniatura para llevarla en el ojal.

En cuanto a la concesión, el artículo 16 señalaba que la Placa de Oro estaba reservada, principalmente, a:

- Jefes de Estado, español o extranjero.
- Presidentes en una o varias épocas cuya labor hubiera sido extraordinaria para la provincia.
- A cualquier otra personalidad o autoridad que, a juicio de la Corporación, lo mereciese.

La Placa de Plata estaba dirigida a:

- Para personalidades o autoridades propuestas por personas ajenas a la Corporación, por la misma o cualquiera de sus miembros.
- Funcionarios con categoría superior a Oficial Primero de la Administración.

La Placa de Bronce iba destinada a:

- Personas cuyos méritos fuesen inferiores a los apreciados en apartados anteriores.
- Funcionarios de cualquier categoría de otras Corporaciones o centros.
- Funcionarios de categoría inferior a la de Jefe de Negociado de tercera clase y subalternos.

No obstante, la Corporación Provincial gaditana podía conceder la máxima categoría de esta placa si se advertían méritos extraordinarios en las personas hacia las que se había iniciado expediente de concesión.

2.2. El reglamento de honores y distinciones de 1973[46]

De acuerdo con los requisitos legales vigentes en ese momento y con el fin de actualizar el reglamento de 1954 y dejar regulados todos los requisitos y trámites, se redactó este nuevo reglamento de honores y distinciones que fue aprobado en

[46] Boletín Oficial de la Provincia de Cádiz nº 246, de 27 de octubre de 1973.

la sesión celebrada el 26 de octubre de 1973 y que estaba estructurado en siete capítulos y veintinueve artículos.

El capítulo primero era el denominado Clases de Recompensas y estaba conformado por dos artículos. En el primero se enunciaban los valores a galardonar: "premiar méritos, estimular actividades [...] a personas naturales o jurídicas, que hayan contribuido suficientemente en beneficio de los intereses morales o materiales de España y, en especial, de la Provincia de Cádiz", así como sus diferentes categorías: Placas de Oro, Plata y Bronce de la Provincia y los nombramientos honoríficos de Hijo Predilecto, Hijo Adoptivo, Presidente Honorario y Diputado Honorario; todos ellos otorgados en algún momento por la Diputación de Cádiz.

El artículo segundo desarrollaba el modelo de placa según cada uno de las clases y establecía que su forma será un pasador para sujetar en la solapa (del que también se podrá utilizar una miniatura de solapa) y con cordón verde y oro –distintivos de la provincia de Cádiz– para clérigos y damas.

El capítulo II describía las normas para la concesión de las condecoraciones y aclaraba que, con la salvedad del Jefe del Estado, no se podía premiar a ninguna persona que ostentase alto cargo en la Administración Pública mientras estuviera en el ejercicio de sus funciones. Además, para el otorgamiento de cualquier galardón era necesario el acuerdo de la Diputación Provincial en pleno y podía ser propuesto por diferentes peticionarios:

- Por iniciativa de la Presidencia de la Corporación o de alguno de sus miembros con un acuerdo de mayoría legal.
- A petición de uno o varios Ayuntamientos de la Provincia.
- Por petición de las Autoridades Provinciales.
- A petición colectiva, siempre a favor de un tercero.

Las propuestas habrían de ser expuestas a la Corporación junto con los méritos en los que se fundamentaba para que fueran estudiadas por la Comisión de Gobierno. Todos estos documentos formarían parte del expediente que se abría en información pública con el correspondiente anuncio en el Boletín Oficial de la Provincia. Una vez que se hubiera tenido en consideración la propuesta, ésta era llevada al Pleno para que se pronunciase, otorgando o denegando la distinción.

En cualquier caso, el expediente tenía que reunir, como mínimo, la siguiente documentación:

- Documentos que justificasen la incoación.
- Certificación del Acuerdo de iniciación.
- Información de las virtudes y servicios prestados a la provincia de Cádiz que explicaran su propuesta para la distinción que se solicitaba.
- Dictamen de la Comisión de Gobierno a favor o en contra del galardón solicitado y los criterios que se hubieran tenido en cuenta.
- Certificación del Acuerdo del Pleno sobre el dictamen de la Comisión de Gobierno.

- Anuncio de la información pública en el correspondiente Boletín Oficial de la Provincia.

Finalmente, el acuerdo definitivo había de tomarse en sesión extraordinaria con el siguiente "quórum": dos terceras partes del número de hecho y, en todo caso de la mayoría absoluta legal de miembros de la Corporación, para las concesiones y nombramientos de Placa de Oro, Placa de Plata, Hijo Predilecto e Hijo Adoptivo. Y, mayoría absoluta legal para el resto de las distinciones y honores.

El capítulo tercero hacía referencia al número de las concesiones que estaba determinado de esta manera.

- Placas de Oro de la Provincia: Diez.
- Placas de Plata de la Provincia: Quince.
- Placas de Bronce de la Provincia: Veinte.
- Hijos Predilectos de la Provincia: Seis.
- Hijos Adoptivos de la Provincia: Seis.
- Presidentes Honorarios de la Excma. Diputación Provincial: Cinco.
- Diputados Honorarios de la Excma. Diputación Provincial: Veinticinco.

El artículo 12 que reguló esta cantidad, también especificaba que la concesión era vitalicia y no podía exceder dicho número aunque no computaban las que ya se habían otorgado a Entidades o Corporaciones, colectividades y extranjeros así como la del Jefe del Estado que eran concedidas con carácter excepcional.

El artículo 13 aclaraba que su carácter era meramente honorífico sin que ninguno de los galardonados hubieran podido intervenir en el gobierno o la administración de esta Entidad local y que eran invitados a los actos de la misma naturaleza que se produjesen con la única finalidad del ejercicio de funciones representativas cuando estas tuvieran lugar fuera de la demarcación de la provincia de Cádiz. Además, los honores otorgados a los extranjeros necesitaban de la autorización del Ministerio de la Gobernación, previo informe del de Asuntos Exteriores.

Además, no se podían hacer nuevas concesiones mientras no se hubieran producido vacantes y su entrega conllevaba el pago de los derechos según su clase y categoría que debía producirse en los seis meses siguientes al acuerdo de su otorgamiento aunque tenía excepciones (menos para los timbres del Estado y de la Provincia para la expedición de los Títulos y Diplomas) cuando concurriesen determinadas circunstancias. Si este pago no se producía, no se podía ostentar la placa correspondiente. El artículo 19 estableció que la cuantía era de mil pesetas para la Placa de Oro, quinientas para la Placa de Plata y cien pesetas para la Placa de Bronce.

En el capítulo cuarto se establecía, a través del artículo 20 que lo desarrollaba, quienes podían recibir las recompensas. La Placa de Oro estaba destinada para ser entregada a Jefes de Estado, español o extranjero, a quienes hubieran sido Presidente de la Corporación o a cualquier otra personalidad o autoridad que lo mereciera a juicio de la Diputación. La Placa de Plata podría ser concedida a cualquier autoridad o persona si era solicitada por personas ajenas a la Corporación o para funcionarios de categoría superior de Jefes de Negociado si fuese solicitada por algunos de los Diputados miembros. La Placa de Bronce era para personas cuyos méritos fuesen inferiores a los que se habían apreciado en las anteriores categorías así como a funcionarios de la Corporación o de otras Entidades Locales de categoría inferior a Jefe de Negociado y Subalternos. Sin embargo, la Corporación se reservaba el otorgamiento del máximo galardón una vez estudiados los méritos que se incluían en el expediente.

El capítulo quinto hacía referencia al Libro de Oro de la Provincia que constaba de dos volúmenes independientes. El primero de ellos contenía un registro ordenado cronológicamente de las condecoraciones y distinciones otorgadas en sus distintas secciones. El segundo de ellos se reservaba para las firmas de visitantes ilustres que, de este modo, dejaban constancia de su honrosa presencia en el Palacio Provincial. Estos libros debían ser custodiados por el Secretario General de la Excma. Diputación Provincial.

En cuanto a la imposición de las condecoraciones nos viene descrito en el capítulo sexto en el que se indicaban que los acuerdos habrían de ser publicados en el Boletín Oficial de la Provincia y que su imposición se realizaría en un acto solemne y de un rango adecuado y en el que debía darse lectura del acuerdo por parte del Secretario General. Este acto estaba presidido por el Presidente, ante la Corporación y al cual asistían las autoridades y los anteriores galardonados.

Por último, el capítulo séptimo explicaba el uso de las distinciones en los actos públicos a los que concurrían los galardonados así como la posibilidad que les brindaba su otorgamiento de ocupar un lugar destacado en esos mismos actos.

2.3. El reglamento de honores y distinciones de 2008[47]

En la sesión celebrada el 24 de septiembre de 2008 se acordó, por el Pleno de la Diputación de Cádiz, la modificación provisional del reglamento de honores y distinciones para otorgar el reconocimiento a personas o entidades cuyas acciones, méritos o servicios en ámbitos culturales, científicos, sociales o políticos hubieran sido excepcionales para los intereses generales de los gaditanos. Este procedimiento se realizó mediante el correspondiente expediente administrativo y fue sometido a información pública durante treinta días para brindar la posibilidad de formular alegaciones al texto redactado[48].

La principal novedad de la nueva redacción fue la de sustituir las Placas de la Provincia, en sus diferentes categorías (de Oro, Plata y Bronce) en una sola; la Medalla de la Provincia que empezó a otorgarse como tal a partir del año 2010. Asimismo, el título de Hijo Predilecto que unificaba los de Hijo Adoptivo y Predilecto, manteniéndose los de Presidente y Diputado Honorario.

El artículo 1 define los méritos a valorar y en el artículo 2 se indican las categorías de los galardones a otorgar. En este artículo han desaparecido las restricciones numéricas impuestas en el anterior reglamento pero se aclara que las condecora-

---

[47] Boletín Oficial de la Provincia de Cádiz nº 238 de 12 de diciembre de 2008, p. 25.

[48] Boletín Oficial de la Provincia de Cádiz nº 28 del 9 de octubre de 2008, p. 28.

ciones también podrán otorgarse a título póstumo. El artículo 3 especifica que los títulos de Hijo Predilecto, Presidente y Diputado Honorario podrán entregarse sólo a personas físicas mientras que, la Medalla de la Provincia, podrá otorgarse "tanto a personas físicas como a colectivos o entidades públicas o privadas".

En el artículo cuarto se establecen las normas para la solicitud y concesión de las condecoraciones puesto que habrán de ser otorgadas por el acuerdo del Pleno a propuesta del Presidente; los distinguidos los serán por iniciativa del Presidente y/o los Diputados de la Diputación y también por entidades culturales, científicas u otros organismos sociales. Además, en ningún caso, se concederán cualquier honor a petición de las personas o entidades destinatarias de la recompensa. Por su parte, el artículo quinto, aclara que estas distinciones tienen sólo carácter honorífico y que no comportan contraprestación económica alguna.

En cuanto al diseño de la Medalla, nos dice el artículo seis, que habrá de seguir el mismo dibujo que el escudo heráldico de la Corporación Provincial al igual que hará la acreditación de los demás nombramientos. El uso de estas condecoraciones, por parte de sus titulares, se hará en los actos convocados por la Diputación y para los que hayan sido invitados. Para la entrega de estas distinciones se siguen las mismas pautas que en el reglamento anterior: acto solemne, asistencia de la Corporación, lectura del acuerdo por parte del Secretario, presidido por su Presidente pero, y aquí está la diferencia; se circunscribe a un día concreto: el 19 de marzo que se establece como Día de la Provincia.

Especial atención merece el artículo 9 que brinda la posibilidad de la revocación de los honores conferidos con anterioridad. Eso sí, tendrá que seguirse el mismo procedimiento al de la concesión: incoación de oficio o de parte, información de los deméritos, dictamen de la Comisión de Gobierno, certificación del acuerdo del Pleno y publicación en el BOP, etc.

Por último, el artículo 10 indica la necesidad de establecer un Libro de Oro con idéntica descripción a la expuesta en el reglamento de 1973 y, el artículo 11 recoge que, todos los acuerdos de concesión habrán de ser publicados en el Boletín Oficial de la Provincia para darles adecuada constancia y publicidad.

CAPÍTULO 3.
LA DIPUTACIÓN DE CÓRDOBA

1. LOS ORÍGENES DE LA DIPUTACIÓN DE CÓRDOBA

El territorio que componía la provincia de Córdoba estaba claro ya que correspondía a la demarcación del antiguo reino y su capitalidad se mantuvo si bien se fue perfilando progresivamente desde principios del siglo XIX ya que en 1813 las Cortes aprobaron la división de Córdoba en partidos judiciales (Burgeño, 1995: 46).

Sobre la Diputación de Córdoba, al igual que para otras corporaciones de carácter provincial, hay pocos estudios realizados con profundidad siendo, los más destacables, los realizados en los últimos tiempos por Martínez Hernández (2004), Ventura Rojas (2008) y Espino Jiménez (2009).

Para el estudio de la creación de esta institución en el territorio cordobés, tenemos que buscar en los datos que nos proporcionan dos tipos de fuentes: las actas capitulares y el copiador de correspondencia de la Diputación Provincial. El primer *Libro de Actas* se inicia con el Acta de Instalación de la Diputación, el 18 de agosto de 1813[49].

Esta primera sesión estuvo constituida por siete vocales que, junto al Presidente y el Intendente, componían la Diputación. Su Presidente era el Barón de Casadavalillo, Jefe Superior Político, como nos refiere Palacios (1990: 86). Los Diputados fueron: José Garrido y Portilla, prebendado de la Catedral; Juan María del Valle Calvo, maestrante de Ronda; Juan Antonio de Fuente Centella, abogado y regidor del ayuntamiento de Castro; Joaquín Pérez Gómez, vecino de Pozoblanco; Pedro Coronado, notario mayor; Gobernador del Juzgado Eclesiástico del Obispado de Córdoba; Juan Díaz García, hacendado de Lucena y Antonio Luis Salcedo y Utrilla, labrador de Almodóvar. Como Intendente; Joaquín de Peralta. Según las investigaciones realizadas por Martínez Hernández (2014: 13), todos los "diputados permanecieron en Diputación de Córdoba durante los diez meses que tuvo de vida" que se cerró el 7 de mayo de 1814[50].

[49] A.D.CO.: Libro de sus Actas y Sesiones desde el día 18 de Agosto de 1813 en que se instaló. HL 960.
[50] A.D.CO.: Libro de sus Actas y Sesiones desde el día 18 de Agosto de 1813 en que se instaló. HL 960.

Según Martínez Hernández (1996:331), en los diez meses que duró esta primera Diputación, se celebraron 74 sesiones en las que, a pesar de la variedad de los temas tratados, las actas no ofrecían muchos detalles, salvo la inclusión de un resumen del proceso seguido y del acuerdo tomado.

Será el *Copiador de correspondencia*[51] el que amplíe el contenido de las actas como nos refiere Martínez Hernández (1996:331):

> "Nace en la sesión del 26 de agosto de 1813 en la que se acuerda formar un libro en el que se copiasen todas las cartas, oficios y documentos que expidiese la Diputación para tener constancia de su contenido, exceptuando los de mera urbanidad, que bastaría con anotarlos".

Sin embargo, en la última sesión de la Diputación el 7 de mayo de 1814 se trataron dos temas tras los cuales "la Diputación acordó por ahora cerrar sus sesiones".[52]. Nos informa Martínez Hernández (1996: 339) que, de la lectura del acta, nada se deduce del cambio político y que tampoco el copiador de correspondencia trasluce nada.

El segundo intento de implantación del nuevo régimen fue el del llamado Trienio Liberal cuyas actas son del 2 de marzo de 1821[53] y cuyos logros más singulares están en los ámbitos de la creación de infraestructuras, en aspectos sanitarios y asistenciales, en la educación y la cultura así como algunas competencias militares (Martínez Hernández, 2011:63).

La llegada al poder de Mendizábal en 1835, restablece la figura de las diputaciones, de hecho, la nueva andadura de la Diputación de Córdoba se inició entre el 14 de octubre y el 4 de noviembre de 1835[54]. Su estructura definitiva tuvo lugar en tiempos de Isabel II, mediante el Real Decreto de 21 de septiembre de 1835, quedando formada por la Diputación Provincial, el Consejo Provincial, la Junta de Jefes, la Intendencia y las Juntas Provinciales.

2. LOS REGLAMENTOS DE HONORES Y DISTINCIONES DE LA DIPUTACIÓN PROVINCIAL DE CÓRDOBA

2.1. El primer reglamento de honores y distinciones de 1973[55]

El primer reglamento del que tenemos constancia en la Diputación de Córdoba fue aprobado en sesión ordinaria el día 29 de agosto de 1973[56] (punto nº 11) y fue

[51] A.D.CO.: Secretaría de la Diputación Provincial de Córdoba. Copiador de correspondencia general desde el 18 de agosto de 1813. HL 961.

[52] A.D.CO.: Libro de sus Actas y Sesiones desde el día 18 de Agosto de 1813 en que se instaló. HL 960.

[53] A.D.CO.: Libro 1º de Actas de la Diputación Provincial de Córdoba. Año de 1821. Principia el 2 de marzo y concluye el 28 de Mayo del mismo. HC 3763.3.

[54] No se conserva el acta de instalación, pero el registro de correspondencia del Gobierno Civil acusa recibo de la normativa sobre creación de diputaciones el 14 de octubre de 1835, y el 4 de noviembre recibe una nota de la Diputación sobre el secretario de la misma. Entre ambas fechas debió constituirse (Martínez Hernández, 2014:40).

[55] Boletín Oficial de la Provincia de Córdoba nº 156, de 10 de julio de 1973.

[56] A.D.P.CO.: Actas de la Diputación Provincial de Córdoba. HC 3846, p. 29.

autorizado por el Ministerio de la Gobernación el 10 de febrero de 1976. Estos datos aparecen en una diligencia firmada por D. Juan Lavela Parejo, Secretario accidental de la Diputación, fechada el 21 de febrero de 1977.

Fue un reglamento prolífico ya que constaba de ocho capítulos con de cuarenta y seis artículos y una disposición final así desarrollados:

- Capítulo I: Normas Generales (arts. 1 y 2).
- Capítulo II: Hijo Predilecto (arts. 3-12).
- Capítulo III: Expedientes de Concesión (arts. 13-21).
- Capítulo IV: De los méritos necesarios para obtener las distinciones (arts. 22-30).
- Capítulo V: Preeminencias y Prerrogativas correspondientes a cada una de las distinciones honoríficas (arts. 31-35).
- Capítulo VI: Imposición de las distinciones (arts. 36-39).
- Capítulo VII: Libro de Oro de la provincia de Córdoba (arts. 40-42).
- Capítulo VIII: Distinción a los Ayuntamientos de la Provincia (arts. 43-46).
- Disposiciones Finales.

En su artículo primero, establecía la finalidad de la realización de este reglamento de honores y distinciones que era la de "premiar merecimientos excepcionales, servicios destacados, trabajos valiosos [...] o aportaciones singulares en orden al engrandecimiento de España o de la provincia de Córdoba". Para lo cual se establecieron las siguientes categorías: Hijo Predilecto o Adoptivo de la provincia, Presidente Honorario de la Diputación, Medalla de Oro de la provincia, Diputado Honorario de la Diputación, Medalla de Plata de la provincia, Medalla de Bronce de la provincia, Diploma de Gratitud provincial, Medalla al Mérito en el servicio provincial y Corbata de Honor de la Provincia.

Se exceptuaba el otorgamiento de estos reconocimientos a todas aquellas personas que ejerciesen cargos en la Administración (mientras estuvieran en ellos) menos al Jefe del Estado y al Príncipe de España.

En el Capítulo II de este reglamento, se describían los requisitos necesarios para la obtención de los distintos nombramientos, la descripción de los galardones, las categorías en las que se subdividen algunas de las condecoraciones, el número que las limita o qué casos no los limita, el costo de las recompensas, etc.

Los principales reconocimientos que otorgaba la Diputación cordobesa eran los nombramientos de Hijo Predilecto e Hijo Adoptivo dirigidos a personas nacidas en la provincia de Córdoba el primero y que no fuese de ese territorio en segundo lugar. La excepcionalidad de este reconocimiento la señalaba el artículo 4 en el que se indicaba que "su concesión requerirá circunstancias de [...] acusada excepción, que sólo se atenderán cuando así lo reclamen verdaderos imperativos de justicia colectiva":

Para los nombramientos de Presidente Honorario de la Corporación (no más de cinco) y Diputado Honorario (máximo diez), el artículo quinto señalaba que podían ser nombrados a partir de los tres meses desde el cese del ejercicio de sus cargos. Y en el artículo 6, además de la descripción de la Medalla de la Provincia, se regularizaba el número que de ellas pueden existir: seis de Oro, doce de Plata y dieciocho de Bronce, colgadas o pendidas y cuya cinta debía ser de color morado.

Asimismo, esta Medalla se entregaría junto con los nombramientos de: Hijo Predilecto, Adoptivo y Presidente Honorario; no afectando su número al máximo establecido anteriormente. Para el Diputado Honorario le correspondía la Medalla de Plata de la provincia.

El artículo 7 mostraba el modelo del Diploma de Gratitud que debía contener estas palabras:

> "Por cuanto Don.............. concurren, ... Por esta Excma. Diputación en Sesión Plenaria del día ....acordó declarar que dicho señor merece la GRATITUD DE LA PROVINCIA y en su virtud se extiende el presente diploma para satisfacción del interesado. Córdoba,...............".

Este diploma había de ir firmado por el Presidente y el Secretario de la Diputación y llevaría el sello oficial.

La siguiente distinción que contenía este reglamento es la Medalla al Mérito en el Servicio Provincial. Podía tener tres categorías: primera, segunda y tercera; en función de los méritos y las circunstancias que concurrían en el distinguido sobrepasaría el número de tres para la 1ª categoría de oro, seis en la 2ª de plata y 9 en la 3ª de bronce.

Para la Corbata de Honor se hacía una pormenorizada descripción en el artículo 9 y con el artículo 10 se indicaban las insignias de solapa que correspondían con cada uno de los galardones que se han mencionado. Por su parte, el artículo 11 establecía que todas las distinciones eran de carácter vitalicio y que las entregadas a título póstumo no cubrirían el número de las limitaciones. Respecto al precio de estas recompensas, sería asumido por la Corporación Provincial según lo descrito en el artículo 12.

Los capítulos III, IV y VI del reglamento hablaban del procedimiento para la concesión de nombramientos honoríficos y distinciones. El capítulo III, denominado Expedientes de Concesión dictaba los pasos a seguir. Para el otorgamiento de estas distinciones era condición indispensable la apertura de un expediente que contuviese las razones que justificarían el reconocimiento. Su iniciación sólo era efectiva si estaba motivada por tres miembros de la Corporación (por lo que no se permitía que esta iniciativa surgiese de particulares o de otras entidades).

Una vez recibida la solicitud, mediante Decreto, el Presidente de la Corporación acordaría la apertura del expediente designando como Instructor del mismo a un Diputado. Este Instructor debía realizar una información "detallada y suficiente de los méritos y circunstancias especiales que concurran en el propuesto" para lo cuál podía recabar la opinión de personas, entidades, empresas, etc. con la finalidad de concretar los elementos de juicio que le llevarían a definir si procedía otorgar la distinción, fijando su clase y categoría, o denegarla.

Terminado el expediente, este sería llevado a la Comisión de la Diputación pertinente que había de emitir un dictamen proponiendo la concesión del privilegio a otorgar, o su denegación, y variando la clase de galardón. El acuerdo definitivo sería adoptado por la Diputación en Pleno en votación secreta. Para las condecoraciones de Hijo Predilecto, Adoptivo, Presidente Honorario, Diputado Honorario y Medalla de Oro el acuerdo debía producirse en sesión extraordinaria y tendría que contar con el quórum de las dos terceras partes del número de hecho y mayoría absoluta legal. Para las demás distinciones bastaba un acuerdo en sesión ordinaria adoptado con mayoría absoluta, tal y como se desprendía de lo expuesto en el artículo 19 del reglamento.

Se recogían dos excepciones para estos honores entregados, en primer lugar, los otorgados a título póstumo que debían ser solicitados por un número de diputados no inferior a la mayoría de hecho. En segundo lugar, las concesiones a extranjeros que debían contar, además, con la autorización expresa del Ministerio de Gobernación visto el informe emitido por el Ministerio de Asuntos Exteriores.

Por otra parte, los méritos necesarios para la obtención de las distinciones recogidas en el reglamento de honores de la Diputación de Córdoba venían estipulados en el capítulo IV. La más alta condecoración era la Medalla de Oro (art. 22) que podía entregarse de forma individual o colectiva demostrando las siguientes cualidades:

> "1°.- Que en la práctica de virtudes castrenses o cívicas, realizando actos caritativos o filantrópicos o dedicándose a actividad creadora, a la promoción de otras de interés público, logran para la provincia beneficios espirituales o materiales de especial trascendencia y de resonancia nacional.
>
> 2°.- Que en el desenvolvimiento de sus actividades profesionales o de cualquier actuación o actividad, alcance fama indiscutible de carácter nacional, en proporciones tales, que lleguen a enaltecer al propio tiempo a la provincia".

Consecutivamente, los demás galardones y circunstancias merecedoras venían expuestos así:

- Artículo 23; designación de Hijo Predilecto e Hijo Adoptivo.
- Artículo 24; Presidente Honorario de la Corporación.
- Artículo 25; para los Diputados Honorarios de la Corporación.
- Artículo 26; las Medallas de Plata.
- Artículo 27; las Medallas de Bronce.
- Artículo 28; los Diplomas de Gratitud.
- Artículo 29; las Medallas al Mérito Provincial.
- Artículo 30; la Corbata de Honor.

El capítulo V trataba de las preeminencias y prerrogativas correspondientes a cada una de las distinciones honoríficas, es decir, su lugar en el ordenamiento protocolario (cuando así se estimase oportuno) en el supuesto de concurrencia a los actos la Diputación Provincial. El nombramiento de Hijo Predilecto permitía, a su beneficiario, ocupar el lugar inmediatamente detrás al del Presidente de la

Corporación en sus comparecencias públicas y solemnes, al uso de las insignias que le correspondieran y a todos los actos organizados por la Diputación o a los que esta fuese invitada además del acceso a los monumentos y museos provinciales. Para los Hijos Adoptivos, Presidentes o Diputados Honorarios y las Medallas de Oro los derechos eran los mismos si bien la prioridad vendría determinada por su categoría y, dentro de ésta, por la fecha de la concesión.

En el caso de las Medallas de Plata o Bronce sólo tenían derecho a asistir a los actos organizados por la Diputación cordobesa y a sus monumentos y museos correspondiéndole honores de Jefe de Sección y Jefe de Negociado respectivamente. Los Medalla al Mérito en el Servicio Provincial tenía las prerrogativas asimiladas a las del Secretario de la Corporación y, la concesión de los Diplomas de Gratitud, permitía a sus beneficiarios el acceso a monumentos y museos provinciales.

La imposición de las distinciones estaba delimitada con los artículos 36, 37, 38 y 39 que engloban el capítulo VI. Se establecía que cada galardón se publicaría en el Boletín Oficial de la Provincia y se anotaría en el Libro de Oro que la Corporación destinaba a este efecto. Su entrega se realizaba mediante un acto de gran solemnidad en el Salón de sesiones y que debía contar con la asistencia de la Diputación en Pleno en la que se entregaba al beneficiado un pergamino en el que constaba su nombre y apellidos, los méritos por los que recibía la recompensa y una breve reseña del acuerdo de concesión. En el caso de la Corbata de Honor, esta era impuesta en la bandera o estandarte del organismo correspondiente.

El capítulo VII trata del Libro de Oro de la Provincia de Córdoba y que se desglosa a través de los artículos 40, 41 y 42; eran dos volúmenes independientes. El primero registraba las distinciones y condecoraciones otorgadas por la Diputación y estaba compuesto por nueve secciones correspondiente a las nueve distinciones honoríficas que implementaba este reglamento. Éstas debían ir en orden cronológico, con el nombre del premiado, la fecha del acuerdo y un breve resumen del expediente y del acto de entrega.

El segundo libro estaba destinado a recoger las rúbricas de las personalidades relevantes como testimonio de su visita al Palacio Provincial. Ambos libros debían ser custodiados por el Secretario General de la Diputación Provincial.

El capítulo VIII es el último, y hace mención de las distinciones a los Ayuntamientos de la provincia que iba explicado con los artículos 43, 44, 45 y 46. Recogía la posibilidad de otorgar, a los ayuntamientos de la provincia, las Medallas de Plata o Bronce o la Corbata de Honor que se crearon con este reglamento. No computaría su número por lo imperecedero del beneficiario y habría de probarse los méritos en:

- Mejoras transcendentales, morales y materiales.
- Labor relevante en orden, ornato y embellecimiento.
- Labor cultural y artística extraordinaria.
- Labor asistencial y benéfica.
- Cualesquiera otros méritos o circunstancias relativos a los servicios de su competencia.

Las disposiciones finales cerraban este reglamento con dos apartados. El primero permitía que estas distinciones pudiesen ser revocadas en el caso que se faltase a los principios que las inspiraron; para ello se requerían los mismos requisitos de expediente, acuerdo y resolución que demandaban para el caso del otorgamiento. El segundo dejaba la interpretación de este reglamento a la Excma. Corporación Provincial en Pleno.

2.2. El reglamento de protocolo, ceremonial, honores y distinciones de 2010[57]

El segundo reglamento desarrollado por la Diputación de Córdoba incluyó, además de los honores y distinciones recogidos en 1973, el protocolo y el ceremonial de esta Corporación por lo que su estructura y su articulado es sustancialmente mayor. Aprobado en sesión pública ordinaria celebrada el 16 de diciembre de 2009[58], fue publicado en el Boletín Oficial de la Provincia número 6 de fecha 13 de enero de 2010 y entró en vigor el 13 de febrero de 2010.

El texto finalmente aprobado está desarrollado de la siguiente forma:

- Título I: De la Diputación de Córdoba. Sus títulos, atributos y usos. (Arts. 1-4).
- Título II: De la Corporación. Tratamientos, precedencia interna, atributos y su uso. (Arts. 5-13).
- Título III. Del Ceremonial.
    - Capítulo I: Principios Generales (arts. 14-20).
    - Capítulo II: Presidencia y precedencia en los actos oficiales (arts. 21-25).
    - Capítulo III: De la toma de posesión de los miembros de la Corporación (arts. 26 y 27).
    - Capítulo IV: De las exequias (arts. 28-31).
    - Capítulo V: De los hermanamientos (arts. 31-34).
- Título IV: De las distinciones.
    - Capítulo I: Principios Generales (arts. 35-38).
    - Capítulo II: Normas para la concesión de distinciones (arts. 39-47).
    - Capítulo III: Título de Hijo/a Predilecta o Adoptivo/a de la provincia (arts. 48-51).
    - Capítulo IV: Medalla de Oro de la provincia (arts. 52 y 53).
    - Capítulo V: Lazo de Honor de la provincia (arts. 54 y 55).
    - Capítulo VI: Del diploma acreditativo de la distinción (art. 56).
    - Capítulo VII: Imposición de las condecoraciones (arts. 57-59).
    - Capítulo VIII: Del registro de las distinciones (arts. 60-62).

---

57 Boletín Oficial de la Provincia de Córdoba nº 6, de 13 de enero de 2010.

58 A.D.P.CO.: Actas de 16 de diciembre de 2009. Punto nº 7 "Aprobación del Reglamento de Protocolo, Ceremonial, Honores y Distinciones de la Diputación Provincial de Córdoba". En estos momentos estas actas están custodiadas por la Secretaría General que me ha facilitado una copia a través del Departamento de Archivo.

- Capítulo IX: Títulos de carácter excepcional (arts. 63-65).
- Título V: El Libro de Oro de la provincia de Córdoba (arts. 66-69).
- Disposiciones.
    - Disposición adicional.
    - Disposición transitoria.
    - Disposición derogatoria.
    - Disposición final.

Sin embargo, el tema que ocupa nuestra investigación se inicia en el Título IV (De las distinciones) y será, a partir de éste, desde el que desarrollemos el análisis de nuestra investigación. El Capítulo I indica los principios generales que lo justifican y que, al igual que en el reglamento anterior, tiene la finalidad de recompensar los méritos excepcionales en pro de España o de la provincia de Córdoba bajo cualquier disciplina o aspecto que puedan desarrollar tanto personas como instituciones y clasifica las distinciones de la siguiente manera: Hijo Predilecto de la provincia, Hijo Adoptivo de la provincia, Medalla de la provincia, Lazo de Honor de la provincia y títulos de carácter excepcional.

El artículo 36 aclara que las condecoraciones son, simplemente, honoríficas por lo que no producen ninguna contraprestación económica o administrativa. Lo más interesante está en el artículo 37 donde se prevé la posibilidad de la revocación de los galardones concedidos si el titular realiza "actos que le hacen desmerecer la estimación de la provincia". Además la Diputación correría con los gastos de los honores a entregar así como de la organización del acto.

El Capítulo II relata las normas para la concesión de las distinciones. Para todos los nombramientos recogidos en este reglamento, salvedad hecha de los títulos de carácter excepcional, será necesario la tramitación de un expediente para poder juzgar las razones del otorgamiento. Este expediente se iniciará a propuesta de la Presidencia, los grupos que integran la Corporación o los Ayuntamientos de la provincia. Para cualquiera de estos casos habrán de citarse los méritos en los que se fundamenta la petición, la persona en quién recaería y el galardón previsto.

Debatida y aceptada la propuesta, se dispondrá de la incoación del expediente para el se designará un instructor entre los diputados provinciales. El secretario del expediente será el de la Corporación, si bien podría delegar en personas que le auxilien en su tramitación. El instructor deberá realizar cuantas indagaciones considere necesarias a fin de valorar favorable o negativamente la propuesta inicial. Para completar las investigaciones que se expondrán en el expediente, podrá recabar información a través de la declaración de personas o solicitando informes de entidades; con el análisis de esta información el instructor formulará su propuesta que pasará a la Comisión de gobierno para que emita un dictamen.

Una vez dictaminado, el expediente pasará al Pleno, para que la Corporación se pronuncie en el sentido más adecuado, concediendo o refutando la distinción. Este acuerdo de concesión se publicará en el Boletín Oficial de la Provincia. En el expediente debe constar la siguiente documentación:

> "Documentos justificativos de la iniciación.

- Certificación del acuerdo de apertura del expediente.
- Información detallada de los méritos y circunstancias relacionadas con la persona o Entidad propuesta para la distinción.
- Dictamen de la Comisión de Gobierno en el que se proponga o deniegue la concesión honorífica propuesta.
- Certificación del acuerdo del Pleno en el que se aprueba o deniega el dictamen emitido por la Comisión de Gobierno".

Con la única salvedad de los miembros de la Familia Real, en ningún caso podrán adoptarse acuerdos para agraciar con honores y distinciones a personas que desempeñen altos cargos en la Administración o miembros de la Corporación, mientras se encuentren ejerciendo las funciones propias de su cargo.

El Capítulo III hace referencia al título de Hijo Predilecto o Adoptivo de la provincia. Al igual que en otras normativas de este género, el Hijo Predilecto lo será aquel que, naciendo en la provincia, haya conseguido una reputación extraordinaria a través de sus cualidades personales o bien, por los servicios en beneficio de la provincia. Estas mismas condiciones son necesarias acreditar para resultar agraciado con el título de Hijo Adoptivo. Ambos nombramientos (Predilecto y Adoptivo) son de carácter vitalicio, si bien se pueden otorgar de forma postrera siempre que acrediten los méritos que se especifican en el artículo 48 y llevan aparejado la concesión de la Medalla de Oro de la provincia. Además, podrán ser invitados a aquellos actos oficiales que establezca la presidencia de la Diputación y ocuparán un lugar destacado.

Los artículos 52 y 53 conforman el capítulo dedicado a la Medalla de Oro de la provincia. El primero de ellos indica los requisitos que debe reunir los beneficiarios como son el fomento de obras de interés general o bien que, a través del ejercicio de sus actividades profesionales logren beneficios de trascendencia y repercusión nacional. El segundo artículo estipula las medidas, dibujos e inscripciones que llevará la Medalla de Oro.

El Lazo de Honor de la provincia es el equivalente de la Medalla de Oro pero dedicado a "corporaciones, instituciones o agrupaciones" cuyas acciones hayan redundado en beneficio de la provincia de Córdoba. Se impondrá en estandartes o banderas de la entidad galardonada. Su descripción se desarrolla en el artículo 55 del reglamento.

Cada uno de los reconocimientos entregados por la Diputación de Córdoba van acompañados de un diploma realizado en pergamino en el que deben figurar:

- El escudo de la provincia grabado en oro.
- La fecha del acuerdo de concesión.
- El nombre de la persona o entidad galardonada.
- Una breve descripción de los méritos que le hacen acreedor de la recompensa.
- Firma de la presidencia de la Diputación así como de la Secretaría General.

La imposición de estas condecoraciones está recogida en el capítulo VII. El artículo 57 indica que la Presidencia de la Corporación establecerá la fecha y lugar para la entrega de la distinción, una vez acordada la concesión de cualquiera de ellas. Además habrá de contar con la presencia de la Corporación en Pleno y habrá de darse al acto la solemnidad pretendida. Incluso el artículo 59 detalla algunos momentos que debe incluir el ceremonial de la entrega de distinciones, como son:

- "Lectura del acuerdo Corporativo por el que se aprueba el otorgamiento de la distinción, a cargo del secretario o secretaria general de la Corporación.
- Entrega o imposición de la condecoración por parte del presidente o presidenta de la Corporación, junto con el diploma acreditativo de la concesión.
- Palabras de agradecimiento del distinguido.
- Firma en el Libro de Registro de Distinciones de la Corporación por parte del galardonado".

Este último punto, el registro de las distinciones, está contemplado en el capítulo VIII. El libro-registro estará a cargo de la Secretaría General de la Diputación de Córdoba y está dividido en cinco apartados, correspondientes a cada una de los galardones regulados en este reglamento y habrá otro más para los hermanamientos que la Corporación cordobesa hubiese acordado con otras localidades o provincias, nacionales o extranjeras siempre y cuando exista un vínculo. Con el artículo 61 estipula que los galardones se inscribirán por orden cronológico de concesión y debe consignarse el nombre del agraciado, el acuerdo del pleno, una breve reseña de los méritos, la fecha de la entrega y la firma de la persona distinguida.

El último capítulo de este título IV está dedicado a los títulos de carácter excepcional. En ninguno de sus artículos se aclara cuáles son estos títulos. Sólo se especifica que no necesitarán la instrucción de un expediente como para las distinciones anteriores y que requerirá la propuesta de la Presidencia junto con el visto bueno de todos los grupos políticos. También se ha previsto en este apartado la entrega de obsequios a los visitantes con la aclaración que, el único fin, es el agasajo cortés con motivo de la visita o de la celebración que se lleve a cabo.

La regulación del Libro de Oro de la Provincia está sujeta a lo expuesto en el título V que incluye los artículos 66 y 69. A diferencia del libro-registro de distinciones, este libro de oro se crea para recoger las firmas o dedicatorias de autoridades o personalidades que visiten la Diputación Provincial y, cuyo ofrecimiento, será realizado por la Presidencia de la Diputación de modo preferente en la sede del Palacio de la Merced (sede actual de la Diputación de Córdoba).

Tras la firma, se incorporará a pie de página, una breve nota con el nombre de la personalidad, la fecha y el motivo de su estancia así como su traducción en el caso que se haya escrito en otro idioma.

Por último, cuatro disposiciones cierran este reglamento. Una disposición adicional que encarga, al departamento de protocolo y relaciones institucionales, la salvaguarda de las normas dispuestas; una disposición transitoria para adecuar los expedientes en curso a las nuevas pautas que se dictaban; una disposición derogatoria que dejaba sin efecto el reglamento de 1973 pero que sí mantenía los derechos a los galardonados bajo su influencia y una disposición final que señalaba la entrada en vigor de esta nueva ordenación.

CAPÍTULO 4.
LA DIPUTACIÓN DE GRANADA

1. LOS ORÍGENES DE LA DIPUTACIÓN DE GRANADA

La creación en 1833 de la región denominada oficialmente Andalucía y de sus ocho provincias significó la desaparición del reino de Granada como unidad histórica y administrativa, con la pérdida consiguiente de algunas de las competencias administrativas y jurídicas que la ciudad de la Alhambra había conservado desde 1492 sobre un territorio que comprendía alrededor de la mitad oriental y más montañosa del meridional peninsular, la capitanía general, el arzobispado y la Universidad e, incluso, de las atribuciones alcanzadas en 1505 con la creación de la Chancillería y Audiencia, con jurisdicción sobre casi la mitad del espacio de la Corona castellana al sur de Madrid, tal y como recoge Bosque Maurel (2011: 82).

Los primeros límites territoriales fueron establecidos con la creación de la provincia de Almería aunque, la segunda división organizada con el expediente de 1829 deja a Granada más definida y será el inicio de una nueva organización administrativa según lo expuesto por Cortés y Marina (1997: 89-95).

A nivel institucional, la fecha del inicio de sesiones de la primera Diputación de Granada fue el 12 de mayo de 1813[59] pero, debido a la reacción absolutista, el 4 de mayo de 1814 se firma la última acta con el Decreto de Disolución de estas Corporaciones Locales.

No sería hasta el 12 de abril de 1820[60] cuando la Diputación diese cuenta al Rey de su nueva instalación, celebrándose la primera sesión de esta Segunda Época el 26 de mayo de ese mismo año[61]. Esta segunda etapa dura lo que el Trienio Liberal

[59] A.D.P.G.: Libro Copiador de oficios y órdenes nº 2884, "*Año de 1813, Día 12 de mayo de 1813, circular nº 1 Instalación*" fol. 1r.

[60] A.D.P.G.: Libro Copiador de oficios, representaciones, consultas e informes a la superioridad nº 2887, "*Restablecimiento de la Diputación Provincial de Granada con los mismos individuos que la formaban de el año de 1814, Año 1820*", Día 12 de abril, Punto nº 1 "*A S.M. dando cuenta de haberse instalado la Diputación Provincial de Granada*".

[61] A.D.P.G.: Libro Copiador de oficios, representaciones, consultas e informes a la superioridad nº 2887, "*Restablecimiento de la Diputación Provincial de Granada con los mismos individuos que la formaban de el año de 1814,*

entrando en el ostracismo hasta 1835, año en el que el Real Decreto de 21 de septiembre restablece las Diputaciones, siendo un hecho en Granada el 31 de enero de 1836[62].

A partir de esta tercera y definitiva andadura sólo hubo un paréntesis en el verano de 1836 provocado por el pronunciamiento en Granada, el día 31 de julio, de miembros de la Guardia Nacional, ejército y pueblo para restablecer la Constitución Política de Cádiz de 1812, constituyéndose una Junta Directiva de Gobierno (al igual que en Cádiz y Jaén) el 3 de agosto. Ésta se disuelve el 6 de septiembre estableciéndose con el carácter de Junta de Armamento y Defensa asociándose a la Diputación que se reinstaura el día 10 de octubre de 1836[63].

2. LOS REGLAMENTOS DE HONORES Y DISTINCIONES DE LA DIPUTACIÓN PROVINCIAL DE GRANADA

2.1. El reglamento de honores y distinciones de 1984

En el pleno ordinario celebrado el 31 de octubre de 1984[64] en la Diputación de Granada, se aprobó el reglamento de honores y distinciones bajo la presidencia de D. Juan Hurtado Gallardo. El anuncio de información pública fue insertado en el Boletín Oficial de la Provincia el 14 de diciembre de 1984[65] con el número 9.941. Posteriormente en el pleno de 22 de febrero de 1985[66] se ratifica el acuerdo anterior y el anuncio nº 1.704 lo ratifica con su publicación en el Boletín Oficial de Granada en ese mismo año de 1985[67] y está constituido por 6 capítulos con 18 artículos:

- Capítulo I: Clase y número de distinciones y honores (arts. 1-4).
- Capítulo II: Trámites de la concesión (arts. 5-10).
- Capítulo III: Revocación de la concesión (art. 11).
- Capítulo IV: Uso y disfrute (arts. 12 -14).
- Capítulo V: Registro y publicidad (arts.15 -17).
- Capítulo VI: Honores a la Corporación (art. 18).

La realización de este reglamento de honores y distinciones de la provincia de Granada tenía la finalidad de "premiar y reconocer públicamente los altos merecimientos contraídos en su servicio" con lo que, la Diputación de Granada, instituyó los galardones de Medalla de la Provincia así como los títulos de Hijo Predilecto e Hijo Adoptivo. La medalla era de tres categorías: oro, plata y bronce; además

Año 1820", Día 26 de Mayo, Punto nº 7 "*Al mismo: Secº de Estº de la Hacienda Nacional en la Intendencia de esta Provincia*".

[62] A.D.P.G: Libro, 1404, "*Diputación Provincial de Granada, Actas Generales Libro 1º*", fol. 1r "*Instalación*".

[63] A.D.P.G.: Libro, 1407 "*Libro 1º de actas de la Diputación Provincial de Granada*", fol. 1r "*Instalación de la Diputación Provincial de Granada*".

[64] A.D.P.G.: Libro L000206/A03.

[65] Boletín Oficial de la Provincia de Granada nº 286, de 14 de diciembre de 1984, p. 2.

[66] A.D.P.G.: Libo L000206/A03. Punto 49 "*Urgencia. c) – Aprobación del texto del Reglamento de Honores y Distinciones*". Págs.; 104-106.

[67] Boletín Oficial de la Provincia de Granada nº 54, de 8 de marzo de 1985, p. 2.

se creaba la Corbata de Honor que era la equivalencia de la medalla de oro para bandera o estandarte.

Este primer reglamento también contemplaba la limitación numérica de los premios a otorgar, estableciendo un número máximo de tres medallas de oro (entre las que también computaba la corbata de honor), seis para las medallas de plata y diez para las de bronce. Sin embargo, para los títulos, no había restricción en su número. Con el artículo 4 se definía la medalla a entregar, en cuyo anverso iría el escudo provincial y en el reverso el nombre del agraciado y la fecha del acuerdo en el metal correspondiente. Además se les entregaría un diploma orlado con alegorías de la provincia.

Los trámites de la concesión se encontraban expuestos en el capítulo segundo y se iniciaban con la apertura del expediente, éste podía partir por acuerdo de la Diputación (que debía contar con la propuesta favorable del tercio del número de diputados que de derecho integrasen la Corporación); a petición razonada de asociaciones o entidades públicas (con un mínimo de tres) o bien por la propuesta de 25 particulares cuyas firmas debían ir visadas por un notario público o ante el Secretario General de la Diputación.

El acuerdo de preparación del expediente debía contener la nominación del Diputado que había de llevarlo a cabo así como la formulación de la ponencia acerca de la propuesta de concesión del galardón que se tratase, el cual debía ser publicado en el Boletín Oficial a efectos de su conocimiento público. En el expediente había de constar las pruebas de los méritos en los que se fundaba la postulación, siendo especialmente tenidos en cuenta los especificados en el artículo noveno de esta manera:

- "La actuación meritorial y relevante desde el punto de vista social, científico, artístico y humano.
- Los servicios prestados a la provincia de Granada y, en particular, los realizados por miembros de la Corporación y funcionarios.
- Los actos de generosidad y desprendimiento, aportaciones de interés para la mejora de los pueblos, actuaciones destacadas en materia de asistencia social, enseñanza y cultura.
- Otros merecimientos, servicios y mejoras o beneficios para la provincia no comprendidos en los anteriores numerados".

Debía comprobarse si todos estos valores concurrían en la persona o institución propuesta, para lo que se podía utilizar cualquier medio admitido en derecho. Una vez finalizada la instrucción del expediente, el Diputado encargado realizaba un informe acerca de la justificación o no del expediente. Esta pasaría a la Comisión de Gobierno que preparaba el acuerdo para ser elevado al Pleno para que adoptase la resolución final. Este acuerdo plenario realizado en votación secreta, debía de contar, para su validez, con el voto favorable de las dos terceras partes del número de hecho y en todo caso de la mayoría absoluta legal de miembros de la Corporación.

A diferencia de otros reglamentos de honores y distinciones vigentes en esta fecha, este de la provincia de Granada de 1984, contaba con un artículo (el número

11) que permitía la revocación de los galardones entregados siempre y cuando se cumpliesen las mismas formalidades que para su concesión y fuese el Pleno de la Corporación quién lo acordase.

En cuanto a la ceremonia de entrega, era el propio Pleno quién determinaba el grado de solemnidad del acto. Asimismo, se podía utilizar las medallas en todos los actos oficiales mientras que, fuera de estas solemnidades, se recomendaba llevar un distintivo de solapa. Además se facultaba a los familiares directos a lucirlas en caso de fallecimiento del titular junto con una cinta negra.

Para el registro de estas recompensas se depositaba en el Secretario General la responsabilidad de la custodia de un libro de registro en el que debían constar todos los galardones otorgados en orden cronológico junto con el nombre de la persona física o jurídica y una síntesis del acuerdo de concesión y su fecha. Además, el artículo 16 instaba a la publicación anual el día 30 del mes de diciembre la relación nominal de las personas premiadas.

Otra novedad que poseía este reglamento la encontramos en el capítulo VI en el que se trataban los honores a la Corporación. Su aceptación correspondía al Pleno de la Corporación y se tendría en cuenta la naturaleza del reconocimiento así como el arraigo provincial del otorgante, además se especificaba que, si las distinciones provenían de Hermandades de Semana Santa estaban limitadas a una por localidad. Para el caso de los honores y distinciones que se pudiesen conferir al Presidente de la Diputación, podían ser aceptados por éste, dando cuenta a la Diputación.

2.2. La modificación del reglamento de honores y distinciones de 2005

En el pleno ordinario de 27 de abril de 2005[68] se aprobó la modificación de buena parte del anterior reglamento de honores y distinciones de 1984. A tenor de las herramientas legislativas vigentes en ese momento, el objetivo primordial de este nuevo reglamento era el de regular el derecho premial de la institución provincial y de impulsar el proceso normativo de esta materia.

El reglamento de 2005 constaba de cuarenta y cuatro artículos, una disposición transitoria, una adicional y una final desarrollados en cuatro títulos del siguiente modo:

- Título I: Concesión de honores y distinciones (art. 1-10).
- Título II: Medalla de la Provincia (arts. 11-34).
- Título III: Menciones Honoríficas Especiales (arts. 35-38).
- Título IV: Firma en el Libro de Honor (arts. 39-44).

Con este nuevo reglamento se pretendía regular el proceso para la concesión de la Medalla de la Provincia y distinciones provinciales que recayesen en personas naturales o jurídicas a tenor de lo dispuesto en la normativa que lo sustenta. En el artículo 2 se reconocían una serie de distinciones honoríficas de carácter oficial con la finalidad de agradecer públicamente acciones o servicios extraordinarios:

[68] A.D.P.G.: Libro L000400/A03. Punto 2, p. 2.

Hijo Predilecto, Hijo Adoptivo, Medalla de Oro, Medalla de Plata, Menciones Honoríficas Especiales y firma en el Libro de Honor.

Aclarando que las distinciones no otorgan ningún derecho administrativo o de carácter económico y se autorizaba su concesión a la memoria de personas cuando hubiesen fallecido siempre que cumpliesen las circunstancias necesarias. Asimismo, no podían conferirse a altos cargos de la Administración mientras estuvieran en el ejercicio de sus funciones salvo a los miembros de la Familia Real.

Los nombramientos de Hijo Predilecto e Hijo Adoptivo recaerían en naturales de la provincia de Granada, el primero, y en españoles no naturales de Granada y extranjeros, el segundo. En cualquiera de los casos debían ser personas que se hubieran destacado en servicios hacia la provincia y que gozaran de una alta consideración pública, méritos que habían de demostrarse como fundamentación del procedimiento administrativo.

Según el artículo 9 y 10 del reglamento, estos títulos tenían carácter vitalicio y a sus portadores se les confería la posibilidad de acompañar a la Diputación provincial en las solemnidades a las que fueran invitados por esta, ocupando un lugar relevante. Como soporte material se les entregaba la Medalla de Oro y un pergamino en cuyo anverso se encontraba el escudo de la provincia y el texto del acuerdo de nombramiento y en el reverso, la certificación del mismo.

El título segundo trataba sobre las medallas de la provincia y, en primer lugar de la categoría de oro. El artículo 11 disponía que este galardón sólo pudiera entregarse anualmente únicamente una vez. Sin embargo, no computarían en dicho número los que se concediesen por cortesía o reciprocidad ni las entregadas a título póstumo. También nos proporcionaba la descripción siendo esta de plata con un baño de oro llevando en el anverso el escudo provincial y en el reverso el nombre del titular y la fecha del acuerdo. Estaba suspendida al cuello mediante cordón de seda verde en tres ramales, trenzados e iguales y podía ser usada en actos oficiales. Junto con ella iría un emblema de solapa y un diploma. Este botón se podía lucir fuera de los actos oficiales sobre la solapa de una chaqueta o en una prenda de cuerpo.

Para instruir el expediente de otorgamiento de este galardón había de crearse una Comisión que era nombrada una vez aprobada la moción en el pleno. Estaba encabezada por un Juez Instructor, cargo que correspondería a un Diputado designado, e integrada, además por: el Presidente de la Corporación como miembro nato, el cuál podía delegar en cualquiera de los vicepresidentes; los representantes de cada grupo político en proporción a su representación en la Diputación y el Secretario General o funcionario en quién se delegase.

Los trámites para la concesión de la medalla de oro seguían un expediente que había de cumplir las fases de incoación, instrucción y resolución al que se le incorporarían los méritos que fundamentaban la petición y que estaban contemplados en el reglamento anterior al igual que todo el procedimiento.

En el caso de la medalla de plata, en esta nueva redacción del reglamento de honores y distinciones, se disponía en el artículo 21 que recaerían en los empleados con 25 años de servicios prestados en la Diputación, pertenecieran al régimen de funcionarios como al de laborales. En este supuesto, tanto el cordón como el pergamino tendrían las mismas características que las descritas para la medalla de oro, con la salvedad de que serían en plata de ley.

El inicio de los trámites, para este galardón, debía de partir de la delegación de Recursos Humanos que, dirigiendo una propuesta a la Secretaría General, habría de hacer constar quiénes habían alcanzado los años de trabajo necesarios para ello mediante los siguientes puntos:

- Fecha en la que ingresó oficialmente en la Diputación de Granada.
- Si ha tenido alguna interrupción en el servicio activo en la Diputación y por qué causa.
- Total de años de servicio activo en la Diputación de Granada.
- Si hubiera desempeñado algún cargo directivo en la Diputación de Granada y tiempo que lo hizo.
- Si ha tenido alguna actuación o servicio distinguido.
- Si hay alguna nota desfavorable en su expediente.

Una vez que se recibida la propuesta de Recursos Humanos y comprobada que no hubiera ninguna nota desfavorable, el Secretario General la elevaría a la Junta de Gobierno que acordaría la entrega de la medalla cuya imposición se llevaría a cabo en un acto solemne acordado por la Diputación.

Junto a la medalla se entregaba un diploma y se hacía constar en el Libro de Oro todas aquellas concedidas a partir de la entrada en vigor del presente reglamento.

El artículo 28 dictaba sobre la revocación de ambas medallas en estos términos:

> "Todas las distinciones que figuran en el presente Reglamento podrán ser retiradas por ingratitud, menosprecio, violación grave de las Leyes y cualquier acto o circunstancia que se considere como deshonor, siendo necesario que así lo acuerde el voto de la mitad más uno de los componentes de los órganos colegiados que los otorgaron, mediante votación secreta".

Las disposiciones relativas al uso y disfrute de las medallas (artículos 29 y 30) y al registro y publicidad (artículos 31-34) eran idénticas a las expresadas en el reglamento de 1984, sin embargo, a partir del título III, se hacían referencia a una serie de "menciones honoríficas especiales" novedosas que son: los galardones de la Diputación y la mención de jubilación.

El artículo 35 establecía los destinatarios de estas menciones especiales; "personas o entidades de especial relevancia social o que sean protagonistas de acontecimientos con una importante repercusión en cualquier sector o ámbito de la provincia". Se denominaron Galardones Diputación y su procedimiento de concesión se llevaba a cabo mediante acuerdo de la Junta de Gobierno a propuesta de un diputado provincia previo dictamen de la Comisión Informativa que asumía las competencias.

La descripción del galardón la encontramos en el artículo 36 y consistía en una escultura en bronce cuyo motivo principal es la letra G con una base de mármol que llevaría una placa con la marca institucional junto con el nombre del galardonado, motivo de la concesión y fecha del mismo.

Con respecto a la Mención de jubilación, sería otorgada a todos los trabajadores de la Diputación que se jubilasen, durante un acto expresamente organizado para ellos, como agradecimiento por los servicios prestados representado en forma de diploma que contendría la firma del Secretario General y el Presidente.

El último de los reconocimientos era la firma en el Libro de Honor. El título IV nos indica que estaba reservado para las visitas ilustres que tenga la Diputación. Además, con el artículo 39 conocemos que ya existía uno desde el 19 de enero de 1999 cuyas diligencias pertenecían al Secretario General pero su custodia estaba al cargo del departamento de Relaciones Institucionales dependiente del Gabinete de la Presidencia de la Corporación. Este departamento es también responsable de la copia documentada y otra de seguridad de este libro. El artículo 43 permitía la existencia de libros de honor en los organismos autónomos dependientes.

La forma material de este libro de honor venía plasmada en el artículo 42; de diseño histórico y de terciopelo azul con ribetes y cordón de plata en cuyo anverso se incluiría el escudo provincial y dos cierres en plata.

La disposición final derogaba los reglamentos anteriores y todos aquellos que se opusieran, de algún modo, a lo establecido en este reglamento. El texto final fue publicado en el Boletín Oficial de la Provincia de Granada el día 1 de junio de 2005[69], entrando en vigor al día siguiente.

2.3. El reglamento de honores y distinciones de 2012

En el pleno de la Diputación de Granada de 29 de marzo de 2012[70] se produce la última modificación del reglamento de honores y distinciones con el objetivo de homogeneizar los procedimientos para otorgar galardones y crear una nueva figura a las distinciones creadas con anterioridad; el Cronista Oficial de la Provincia. Con esta intención se ha reducido a 33 el número de artículos que, junto a una disposición transitoria única, una disposición derogatoria única y una disposición final constituyen la organización del reglamento que actualmente está en vigor:

- Capítulo I: Disposiciones Generales (arts. 1–4).
- Capítulo II: Distinciones.
  - Sección 1ª: Hijo Predilecto e Hijo Adoptivo (arts. 5-8).
  - Sección 2ª: Otras distinciones (arts. 9-14).
- Capítulo III: Revocación, Uso y Disfrute (arts. 15-18).
- Capítulo IV: Procedimiento para la concesión de distinciones.
  - Sección 1ª: Hijo Predilecto, Hijo Adoptivo, Cronista Oficial, Medalla de la Provincia y Granada Coronada (arts. 19-24).

[69] Boletín Oficial de la Provincia de Granda nº 102, de 1 de junio de 2005, pp. 50-53.

[70] A.D.P.G.: Aún no están encuadernados o bien, están encuadernados pero no enviados al archivo aunque el texto está registrado en la base de datos con la referencia L000000/A03.

- Sección 2ª: Otras distinciones (arts. 25-27).

- Capítulo V: Soporte material de las distinciones (arts. 28-33).

Al igual que en todos los reglamentos precedentes, el artículo 1 recoge en el objetivo de esta normativa que es regular el proceso de concesión de las distinciones de carácter oficial que la Diputación de Granada considera que puedan ser merecedoras tanto personas, empresas o instituciones, públicas o privadas. Estas distinciones oficiales, en virtud de lo expuesto en este reglamento son: Hijo Predilecto, Hijo Adoptivo, Cronista Oficial de la Provincia, Medalla de la Provincia de Granada, en dos categorías: oro y plata; Granada Coronada, firma en el Libro de Honor, Medalla de la Diputación y la Mención de Jubilación.

Con estas nuevas nominaciones se establece, además, un riguroso orden de gradación entre los premiados. El artículo tercero permite el enaltecimiento de las virtudes en las personas tanto en vida como a título póstumo. Sin embargo, a diferencia de lo que ocurría en anteriores reglamentos, el artículo cuarto mantiene el carácter honorífico de los galardones pero aclara que son "personales e intransferibles", luego ya no pueden ser usados por familiares en primer grado.

El capítulo II comienza haciendo referencia a los títulos de Hijos Predilectos e Hijos Adoptivos cuya redacción es idéntica a la expuesta con anterioridad, por lo que a partir del artículo 9 se da cuenta de los nuevos galardones como es el de Cronista Oficial de la Provincia cuyas premisas transcribimos:

> "El nombramiento de cronista oficial de la provincia recaerá sobra la figura de cualquier personalidad del mundo de la cultura: escritor, periodista, artista o académico, que en su trayectoria vital y profesional se haya distinguido en sus trabajos literarios por valorar, exaltar, difundir y promover el conocimiento de la historia, costumbres, tradiciones y singularidades de nuestra provincia. Este nombramiento tendrá carácter honorífico y vitalicio".

El artículo 10 está titulado Medalla de la Provincia. Sigue manteniendo las categorías de oro y plata y, en cualquiera de los dos casos, puede recaer en personas o instituciones, físicas o jurídicas, públicas o privadas tras la petición razonada de entidades, centros de carácter oficial o asociaciones de prestigio o por iniciativa de la Comisión de Honores y Distinciones. En este punto se elimina expresamente la entrega de la medalla de plata a los funcionarios que hubieran cumplido 25 años de trabajo en la Diputación como ocurría en el reglamento de 2005 y que es sustituida por la Medalla de la Diputación que veremos más adelante. No posee limitaciones del número de galardones entregados.

Otro de los honores es Granada Coronada que sustituye al que se denominaba anteriormente como Galardón Diputación ya que el artículo 11 lo explica en los mismos términos a aquel; personas o entidades de especial relevancia o protagonistas de acontecimientos de gran repercusión a favor de la provincia.

El artículo 12 nos habla de la Medalla de la Diputación que puede ser otorgado a empleados públicos con 25 años de servicio a la Diputación de Granada o a organismos públicos o entes locales estén prestando servicio en la Diputación al cumplir 25 años de existencia.

La última de las distinciones es la Mención de Jubilación que se expedirá a todos los empleados públicos en el momento de su jubilación y será un diploma de agradecimiento por su trabajo que irá con la firma del Secretario General y el Presidente de la Corporación.

El Capítulo tercero (Revocación, uso y registro) es una reproducción de lo que ya se había señalado en el anterior reglamento si bien el artículo 18 crea el Libro de honores para recoger los galardones otorgados por la Diputación. Este libro destinará una hoja para cada nombramiento que deberá incluir el nombre de la persona o entidad agraciada; la fecha y resolución de la concesión; la autoridad, institución pública o privada que instara el expediente; el acto de imposición y, en su caso, la fecha de la baja. Permitiendo el uso de hojas sueltas para poder utilizar medios mecánicos en su escritura.

Con el Capítulo IV se introduce la modificación más importante de este reglamento y que trata del procedimiento para la concesión de distinciones. La primera novedad viene dada en el artículo 19 que instaura la Comisión Especial de Honores y Distinciones que se creará al inicio de cada mandato en el mismo pleno de organización. Esta comisión estará representada por todos los grupos políticos de la Corporación y se regirá por lo dispuesto en el Reglamento Orgánico Provincial para las comisiones informativas.

Será esta comisión especial la única que pueda proponer al Presidente de la Diputación la conveniencia del inicio de un expediente de concesión. Éste, mediante resolución, ordenará su incoación a través de una resolución en la que se concretarían el instructor y el secretario que deben de tramitarlo. Esta resolución se publicará en el Boletín Oficial que permite, durante 10 días, la aceptación de cualquier documentación relativa a los méritos de la persona o entidad propuesta. Toda la instrucción será relativa a la comprobación de los méritos a valorar y si están debidamente justificados para lo cual, el instructor elevará un informe que será sometido al dictamen de la Comisión Especial de Honores y Distinciones. El acuerdo final correspondería al pleno que debe adoptar una decisión en votación ordinaria por mayoría absoluta.

Para el caso de la entrega de la Medalla de la Diputación, el procedimiento se iniciaría con la comunicación que la delegación competente en materia de empleo público dirija a la Secretaría General con la relación de los empleado públicos con derecho a este galardón en el que debe de figurar el nombre de la persona y si tienen algún servicio distinguido. Comprobados estos datos se elevará la propuesta a la Junta de Gobierno para que conviniese la concesión. El acto público de entrega será presidido por el Presidente de la Corporación y deberá contar con la presencia del Secretario General. La relación de estos galardones, debidamente numerados, se hará constar en el Libro de Honores.

El artículo 26 nos habla de la Mención de Jubilación que será entregada en el mismo acto que las Medallas de la Diputación con la finalidad de homenajear a todos los empleados que se hayan jubilado durante el último año. El último elemento de distinción recogido en este reglamento es el Libro de Honor en el cuál firmarán todas aquellas visitas invitadas por el Presidente de la Corporación y que estará depositado en “el departamento de Relaciones Institucionales de la Presidencia de la Diputación de Granada”.

El quinto capítulo nos señala el soporte material de los galardones. Para los títulos de Hijo Predilecto e Hijo Adoptivo se entregará un pergamino en cuyo anverso irán el escudo de la provincia y el texto del acuerdo del otorgamiento y, en el envés, la certificación de este acuerdo. Se les concederá, además, la Medalla de Oro de la Provincia.

La Medalla de la Provincia llevará en la delantera el escudo provincial y en la parte vuelta el nombre del titular y la fecha del acuerdo. Irá junto a un emblema de solapa que la reproduce.

La Granada Coronada es una escultura en metal con baño de plata y base de piedra. El Libro de Honor tendrá un diseño clásico con engarces plateados, la Medalla de la Diputación contendrá el escudo provincial en la faz y el nombre del titular y fecha del acuerdo de otorgamiento en el revés y la Mención de Jubilación sería un diploma de agradecimiento por los servicios prestados.

Este reglamento de honores y distinciones fue publicado en el Boletín Oficial de la provincia el 14 de junio de 2012[71].

---

[71] Boletín Oficial de la Provincia de Granada nº 113, de 14 de junio de 2012, pp. 50-53.

CAPÍTULO 5.
LA DIPUTACIÓN DE HUELVA

1. LOS ORÍGENES DE LA DIPUTACIÓN DE HUELVA

Las primeras particiones administrativas de la actual provincia de Huelva, las encontramos en la división departamental ejecutada por la Real Orden de 19 de febrero de 1805 donde se aprobó la provincia de Sanlúcar de Barrameda, que incluía veintiocho pueblos (con sus respectivos términos), comprendidos en la franja costera entre el Guadiana y el Guadalquivir (Gozálvez y Rodríguez, 1980:14). Posteriormente, José I Bonaparte realizó otra división de su territorio en dos subprefecturas; Aracena y Ayamonte, pertenecientes a la prefectura de Sevilla (Guaita, 1974:316). Aunque, en 1812 y por un breve lapso de tiempo, volverá a incluirse a Huelva en la provincia de Sanlúcar, como lo demuestra el texto de una carta dirigida por las autoridades locales al presidente y vocales del Supremo Consejo de la Regencia[72].

Una vez establecidas las corporaciones provinciales, la primera Diputación Provincial de Huelva nace con la provincia de su nombre. Sin embargo, la falta de fuentes documentales ha impedido hasta ahora poder precisar con exactitud la fecha de su constitución, la identidad de sus miembros, el procedimiento seguido para su elección, etc. No será hasta el 4 de junio de 1822 cuando consigamos un documento sobre esta institución con la presentación ante el ayuntamiento constitucional de Huelva de Gregorio González Azaola, primer jefe político de la provincia. Portador de una real orden inserta en oficio del secretario de Estado y Despacho de la Gobernación de la Península, fechada en Madrid el 28 de abril de ese mismo año (De Vega, 1995:391)[73].

El mismo autor nos demuestra que, a partir del 7 de julio de 1822 había entrado en funcionamiento, tal y como se desprende de una "nota de los empleados destina-

[72] AMH: Libro de Actas Capitulares de 1813, inserta, folio 54.

[73] Certificación de Andrés Guillermo Camacho, escribano público y secretario constitucional de la capital de Huelva, a 9 de noviembre de 1822, dada a petición del propio González Azaola. AMH. Oficios y minutas, 204/22.

dos en la secretaría de la Excma. Diputación Provincial de Huelva, con espresión de los sueldos que disfrutan y en el día en que principiaron a percivirlos"[74] (1995:393).

Pero de este primer ensayo de la Diputación apenas se encuentra documentación, salvo la referida anteriormente, ya que todos los legajos fueron remitidos a Sevilla según se puede comprobar en los archivos del Ayuntamiento de Huelva a través del *Expediente sobre remitir al Intendente de Policía de Sevilla los libros Capitulares desde 1820 a 1823*[75] en el que consta la traslocación de estos documentos.

La formación definitiva de esta corporación podemos encontrarla en los documentos que, actualmente, obran en poder del Archivo de la Diputación Provincial de Huelva, en los que se constata que el origen de esta institución esta datado en 1835. En concreto, el 16 de noviembre de 1835 se produce la sesión de instalación, tal y como recoge el primer Libro de Actas[76] de sesiones plenarias de la Diputación de Huelva. Este escrito está reproducido por Rey y Sancha (1995:74) en el catálogo documental que se hizo sobre organismo.

2. LOS REGLAMENTOS DE HONORES Y DISTINCIONES DE LA DIPUTACIÓN PROVINCIAL DE HUELVA

2.1. Primer reglamento de 1963

La primera referencia de este primer reglamento la encontramos en la sesión ordinaria de la Diputación de Huelva que tuvo lugar el 31 de octubre de 1963. Bajo la presidencia del Ilmo. Sr. Don Francisco Zorreo Bolaños, y con asistencia de los Diputados Sres. Camacho López, Gorostidi y Alonso, Guerrero Rubio, Márquez Sánchez, Franco Santos, Carrión Mondaca, Caballero Lama y Navarro Nieto; Interventor accidental Sr. Lazo Gómez y Secretario General Sr. Álvarez Prolongo.

Uno de los puntos que trataba era sobre la aprobación del Reglamento de Honores y Distinciones realizado por la Corporación que se expresó del siguiente modo:

> "Seguidamente se da lectura integra al Reglamento de Honores y Distinciones de esta Excma. Diputación Provincial redactado conforme a la autorización otorgada por el artículo 303 y siguientes del Reglamento de Organización, Funcionamiento y Régimen Jurídico de las Corporaciones Locales, aprobado por Decreto de 17 de mayo de 1.952, que consta de 6 capítulos y 32 artículos en el que se regulan las clase, normas y concesión, imposición y uso de las condecoraciones y distinciones, la concesión de las mismas a los Ayuntamientos de la Provincia y el Libro de Oro de la Provincia.
>
> La Excma. Diputación Provincial después del oportuno debate en el que intervienen los miembros de la Corporación acuerdan por unanimidad:

---

[74] AMH: Oficios y minutas 204/23.

[75] A.M.H.: Libro de Actas Capitulares de 1826, folios 94-104. http://www.huelva.es/archivo/LIBROS_DE_ACTAS/04-Siglo%20XIX/1826/ Consultado el 17 de octubre de 2013.

[76] A.D.P.H.: Libro I, folios 1 al 6.

1º.- Aprobar en todas sus partes el texto del Reglamento de Honores y Distinciones de esta Excma. Diputación Provincial con el quórum establecido en el artº. 305 del Reglamento de Organización en vigor.
2º.- Someter a información pública por plazo de un mes el Reglamento de Honores aprobado.
3º.- Recabar la autorización pertinente del Ministerio de la Gobernación y
4º.- Facultar ampliamente a la Presidencia para el mejor desarrollo y ejecución del acuerdo y tramitación del expediente".[77]

El primer[78] reglamento de honores y distinciones de la Diputación de Huelva estaba compuesto de seis capítulos desarrollados en treinta y un artículos del siguiente modo:

- Capítulo I: Clases de condecoraciones (art. 1-8).
- Capítulo II: Normas para la concesión de condecoraciones (art. 9-19).
- Capítulo III: Libro de Oro de la Provincia (art. 20-22).
- Capítulo IV: Imposición de condecoraciones (art. 23-26).
- Capítulo V: Distinciones a los ayuntamientos de la provincia (art. 27-29).
- Capítulo VI: Uso de las distinciones (art. 30-31).

El artículo primero recogía la finalidad de la creación de este reglamento: "premiar especiales merecimientos, beneficios señalados o servicios extraordinarios, trabajos relevantes o cualesquiera otras clases de méritos en beneficio de los intereses morales o materiales de la Patria y en especial de la Provincia de Huelva, la Excma. Diputación Provincial podrá conferir los honores y distinciones" que fueron establecidos en las siguientes categorías:

A. Recompensas honoríficas:
- Medalla de Oro de la Provincia.
- Medalla de Plata de la Provincia.
- Medalla de Bronce de la Provincia.
- Corbata de Honor de la Provincia.

B. Nombramientos.
- Hijo Predilecto de la Provincia.
- Hijo Adoptivo de la Provincia.
- Hijo Benemérito de la Provincia.
- Presidente Honorario de la Diputación.
- Diputado Honorario de la Diputación.

En los siguientes artículos del primer capítulo se describían los elementos distintivos de cada una de las fórmulas honoríficas. Así, la Medalla de Oro (artículo segundo) iba sujeta a un pasador con cinta blanca y azul en cuyo anverso llevaría el

[77] A.D.P.H.; Libro de Actas nº 76, folio 210. Escrito "Reglamento honores y distinciones" de fecha 31 de octubre de 1963.

[78] El texto sobre el que he realizado esta investigación lo he encontrado depositado en la Biblioteca Nacional de España con la signatura VC/5535/4 y VC/5535/5 y está referenciado en el *Catálogo de fuentes* (fuentes legislativas).

escudo de la Diputación en relieve y en el anverso debería constar la leyenda Medalla al Mérito Provincial – Diputación de Huelva, junto con el número de Medalla y la fecha del acuerdo de concesión. Las Medallas de Plata y Bronce (artículo tercero) eran de la misma forma y tamaño que la anterior pero en sus respectivos metales.

Para los nombramientos de Hijo Predilecto e Hijo Adoptivo (artículo cuarto) se utilizaba una Medalla de Oro, pendiente de un cordón de seda de color azul y blanco, en cuyo anverso estaría el escudo de la Corporación y en el reverso la inscripción Hijo Predilecto o Hijo Adoptivo, Diputación Provincial de Huelva, fecha y número del título. Para el Hijo Benemérito (artículo quinto), el emblema era el mismo que el anterior pero en plata y el membrete correspondiente.

Los Presidentes Honorarios y Diputados Honorarios (artículo sexto), tenían igual medalla que la utilizada por los Diputados Provinciales con la particularidad de que, en el reverso, iba la leyenda correspondiente, el número de la misma y la fecha de concesión. La Corbata de Honor (artículo séptimo), estaba dedicada a banderas y estandartes, era de seda y con los colores del escudo si bien la ornamentación debía de guardar relación con la entidad o corporación a la que fuera a concederse.

El segundo capítulo hacía referencia a las normas para la concesión de las condecoraciones. El artículo 9 establecía que no se debía adoptar acuerdos de concesión sobre personas que ocupasen altos cargos de la administración y, respecto de los cuales, la Diputación onubense estuviera subordinada en función, servicio o jerarquía mientras persistiesen esos motivos.

La incoación de los expedientes (artículo décimo) tenía que contener el expediente justificativo de los méritos que justificarían la entrega de uno de los galardones y requería el acuerdo previo de la Corporación. Podía iniciarse de oficio o a instancia de un tercero (artículo 11) y era tramitado en todos los aspectos por la Comisión de Gobierno de la Diputación de Huelva. Este expediente contenía (artículo 12), como mínimo, los documentos justificativos de la iniciación, la certificación del acuerdo de incoación, la información de los méritos de la entidad o persona propuesta para la distinción y el dictamen de la Comisión de Gobierno. Este último era una propuesta razonada adoptada en sesión presidida necesariamente por el que lo fuera de la Diputación Provincial. En caso de propuesta positiva, debía expresar la categoría de la distinción a otorgar. Si la resolución era negativa, conllevaba la denegación de la distinción.

El acuerdo definitivo de concesión (artículo 13) se realizaba mediante votación secreta con el "quórum" pertinente según la legislación del momento. Con respecto al número de honores que se podían adjudicar, estos eran limitados:

- Artículo 14: Hijo Predilecto, Hijo Adoptivo y Medalla de Oro un máximo de seis. La Medalla de Plata hasta diez. Todas ellas vitalicias.
- Artículo 15: Hijo Predilecto a los nacidos en la provincia, Hijo Adoptivo a todos aquellos que no posean esta condición.
- Artículo 16: el título de Hijo Benemérito no podía recaer en más de diez personas al mismo tiempo.

- Artículo 17: El número de la Medalla de Bronce como la Corbata de Honor era fijado discrecionalmente por la Diputación.
- Artículo 18: Los galardones de Presidente Honorario y Diputado Honorario eran vitalicios y su número de cinco y veinticinco respectivamente. No tenían potestad para intervenir en el gobierno de la Corporación pero si les habilitaban para representaciones protocolarias fuera del territorio onubense. También se contemplaba la posibilidad de la concesión a extranjeros que requería autorización del Ministerio de la Gobernación, previo informe del Ministerio de Asuntos Exteriores.
- Artículo 19: En el caso de aquellas distinciones con limitación numérica, sólo podía otorgarse otras nuevas siempre que existiera una vacante y hasta completar el número máximo.

En el capítulo III se articulaba la creación del Libro de Oro de la Provincia (artículo 20) donde se disponía que este constara de dos volúmenes independientes. El primero de ellos registraría cada una de las clases de condecoraciones y distinciones que estaban presentes en el reglamento y, el segundo, iba destinado a recoger las firmas de todas aquellas personalidades que honraran con su visita a la Diputación onubense. En el primer libro, cada uno de los honores llevaría su orden cronológico y en el que debía constar el nombre de la persona, entidad o corporación agraciada, la fecha del acuerdo y un breve resumen del expediente así como del acto de entrega (artículo 21). Este Libro de Oro y los expedientes debían de estar bajo la custodia del Secretario General de la Diputación Provincial.

Por su parte, el capítulo IV trataba de la imposición de las condecoraciones. Tal y como estipulaba el artículo 23, el acuerdo de concesión se publicaba en el BOP. Además, el acto de entrega era hecho por el Presidente de la Corporación (artículo 24) en el Salón de Actos del Palacio Provincial, con la solemnidad adecuada en cada caso y con la asistencia de autoridades invitadas.

Con respecto a los distintivos a entregar, el artículo 25 indicaba que, además del emblema correspondiente con el galardón otorgado, se le entregaría al interesado un título en pergamino donde habría de constar su nombre, los méritos valorados y la fecha del acuerdo de la Corporación. Por su parte, la imposición de la Corbata de Honor de la Provincia (artículo 26) se realizaba directamente sobre la bandera o el estandarte de la entidad, organismo o corporación sobre la que hubiera recaído la distinción.

Uno de los capítulos más llamativos de este reglamento es el quinto donde se brinda la posibilidad de distinguir a los ayuntamientos de la provincia con las Medallas de Plata o Bronce recogidas en este reglamento. Como recoge el artículo 27, el carácter permanente de la institución beneficiaria, no consumirían número del total de distinciones a otorgar en estas categorías.

Entre los méritos a valorar por parte de la labor del Ayuntamiento, el artículo 28 estipula que se tendrían en cuenta especialmente los siguientes:

- Mejoras morales y materiales.
- Labor de limpieza, ornato y embellecimiento.

- Labor cultural y artística.
- Labor asistencial y benéfica.
- Cualesquiera otros méritos y circunstancias relativos a servicios de su competencia.

Los recursos utilizados por parte de los consistorios para conseguir la prosperidad de sus municipios eran tenidos en cuenta para evidenciar la verdadera relevancia de los mismos así como la labor realizada por la Corporación.

Por último, el capítulo VI se ocupaba del uso de las distinciones que tenían un marcado carácter protocolario. De este modo, el artículo 30 permitía el uso de éstas en los actos públicos a los que debía concurrir y el artículo 31 disponía que los galardonados con las distinciones de Medalla de Oro, Medalla de Plata, Hijo Predilecto, Hijo Adoptivo, Hijo Benemérito o Medalla de Bronce así como los que ostentasen el título de Presidente Honorario o Diputado Honorario, tendría representación personal, en lugar inmediato al de la Corporación Provincial, en los actos oficiales organizados por la Excma. Diputación Provincial.

Este primer reglamento de honores y distinciones fue aprobado por el Ministerio de la Gobernación con fecha de cuatro de febrero de 1964 como así consta en la diligencia emitida por D. José de la Vega Gutiérrez, Jefe de la sección 2ª de la Dirección General de la Administración Local.

2.2. Modificación del primer reglamento en 1970

El reglamento de 1963 tuvo una puntual modificación en la sesión ordinaria celebrada por el Pleno de la Excma. Diputación de Huelva el día 30 de marzo de 1970. En el punto 22 se trata este tema con la siguiente descripción: "Dar cuenta de expediente relacionado con las modificaciones acordadas introducir en el Reglamento de Honores y Distinciones de esta Excma. Diputación". El texto que se incluye en las Actas de ese día es el siguiente:

> "A continuación se da cuenta del expediente que se instruye con motivo de las modificaciones acordadas en la sesión ordinaria celebrada el 28 de enero pasado introducir en el Reglamento de Honores y Distinciones de esta Excma. Diputación que fue autorizado por orden del Excmo. Sr. Ministro de la Gobernación con fecha 4 de febrero de 1.964, relacionadas, dichas modificaciones, con la designación de Profesor Emérito del Hospital Provincial.
>
> En dicho expediente, consta que el acuerdo adoptado al efecto, de modificación, en la sesión relacionada del día 28 de enero pasado, fue sometido a información pública durante el plazo de un mes en consonancia con los dispuesto en el artículo 305 del vigente Reglamento de Organización, Funcionamiento y Régimen Jurídico de las Corporaciones Locales, instándose el correspondiente anuncio en el Boletín Oficial de esta Provincia nº 46 de 26 de febrero del corriente año, sin que se haya formulado objeción o raparos alguno durante el transcurso de dicho periodo de tiempo.
>
> En relación con este asunto, la Excma. Corporación Provincial adopta por unanimidad de todos los asistentes que componen la totalidad de los miembros

de la misma, el acuerdo de aprobar definitivamente el citado expediente de modificación en el Reglamento de Honores y Distinciones de esta Excma. Diputación, solicitar la reglamentaria autorización del Ministerio de la Gobernación de conformidad con lo establecido en el artº. 305 del Reglamento de Organización, Funcionamiento y Régimen Jurídico de las Corporaciones Locales citado".[79]

2.3. El reglamento del año 2000[80]

El reglamento de honores y distinciones que actualmente está en vigor en la Diputación Provincial de Huelva fue aprobado por el Pleno de esta Corporación en la sesión Ordinaria celebrada el 31 de marzo de 2000 y está recogido en el punto 6 del Acta bajo el epígrafe: Modificación del Reglamento de Honores y Distinciones.

En las actas se recogen las intervenciones de los diferentes grupos políticos con representación en ese momento: PSOE, PP, IU-LV-CA y PA. En ellas, el portavoz del PSOE, Sr. Orta Bonilla, da cuenta del dictamen de la Comisión Informativa de Régimen Interior del expediente de modificación del Reglamento de Honores y Distinciones. Explicaba que estaba vigente el del año 1963 y su reforma de 1970 haciendo notar su desfase por las connotaciones impropias de la etapa democrática en la que se inserta y señala el interés de adaptarlo a la realidad social del momento así como su necesaria simplificación.

En el turno de intervenciones, la portavoz del grupo PA, Sra. Grao, no interviene. El portavoz de IU, Sr. Camacho, advierte que no van a votar este Reglamento porque "pensamos que los Honores y Distinciones es tan injusto que no sirve para nada". Y el portavoz del PP, Sr. Adame, se muestra a favor de la aprobación.

Finalmente, el texto es aprobado con la abstención de los tres Diputados de IU-LV-CA y 22 votos a favor (13 Diputados del PSOE, 8 del PP y 1 del PA). El Secretario General firma la aprobación del Reglamento y se acuerda dar al expediente la tramitación reglamentaria.

El Reglamento se inicia con un preámbulo que justifica su adaptación a la normativa en vigor y los galardones a otorgar. Está dividido en 7 capítulos, que son los siguientes:

- Capítulo 1°: Clases de recompensas.
- Capítulo 2°: Normas para la concesión de condecoraciones.
- Capítulo 3°: Requisitos que han de reunir los galardonados.
- Capítulo 4°: Libro de Oro de la Provincia.
- Capítulo 5°: Imposición de distinciones.
- Capítulo 6°: Distinciones a los Ayuntamientos de la Provincia.
- Capítulo 7°: Uso de las distinciones.

[79] A.D.P.H.; Libro de Actas nº 81, folio 217 y 218. Escrito "22.- Dar cuenta de expediente relacionado con las modificaciones acordadas, introducir en el Reglamento de Honores y Distinciones de esta Excma. Diputación" de fecha 30 de marzo de 1970.

[80] Boletín Oficial de la Provincia de Huelva nº 114, de 19 de mayo de 2000.

Que se desarrollan a través de 25 artículos además de 1 disposición transitoria, 1 disposición derogatoria y 1 disposición final.

En el primer artículo expresa, de forma clara, la finalidad de este reglamento: " premiar especiales merecimientos, beneficios señalados o servicios extraordinarios, trabajos relevantes o cualesquiera otras clases de méritos en beneficio de los intereses morales o materiales de la Comunidad y, en especial, de la Provincia", citando, seguidamente, los galardones que se regulan: medalla de la provincia, bien de oro, bien de plata y los nombramientos a otorgar: hijo predilecto o hijo adoptivo de la provincia.

A continuación se describe la forma de la medalla que irá sujeta a un pasador pendiente de una cinta con los colores azul y blanco. En el anverso el escudo de la Diputación y en el reverso la leyenda "Medalla al Mérito Provincial. Diputación Provincial de Huelva" así como el número de medalla y la fecha de la concesión. Para los nombramientos, la medalla se colocará en un cordón de seda azul y blanco con el mismo anverso que las anteriores y, en cuyo reverso, se inscribirá el título Hijo Predilecto o Hijo Adoptivo junto a Diputación Provincial de Huelva además de la fecha y el número del título.

En el segundo capítulo se detallan las directrices a seguir para la concesión de cualquiera de las condecoraciones. Se indica que siempre se necesitará la Resolución de la Presidencia para iniciar los expedientes los cuales, podrán incoarse de oficio o bien a instancia de cualquier persona. El instructor y el Secretario de estos expedientes habrán de recaer en funcionarios de carrera de la Excma. Diputación Provincial el cual deberá recabar los informes, pruebas y documentos necesarios para la justificación de los méritos que les hagan acreedores de la distinción. Una vez concluido el expediente se elevará al Pleno de la Diputación para su resolución que podrá ser otorgada o denegada mediante un acuerdo definitivo tomado en sesión extraordinaria y que requerirá el voto favorable de la mayoría absoluta del número legal de miembros de la Corporación.

El artículo 13 indica que, para la obtención de cualquiera de los galardones otorgados por la Diputación de Huelva, se "requerirá siempre merecimientos excepcionales y de extraordinario relieve". Y el artículo 14 señala que el nombramiento de Hijo Predilecto recaerá solamente en las personas nacidas en la provincia de Huelva y el de Hijo Adoptivo para las que no posean tal condición. Además no se fija un número concreto de recompensas a entregar sino que quedará determinado discrecionalmente por la Diputación Provincial atendiendo a las circunstancias específicas que en cada caso concurran.

El capítulo cuarto hace referencia al Libro de Oro de la Provincia y desarrolla sus clases a través de tres artículos. Este libro de oro se divide en dos volúmenes diferentes. Uno de ellos está dedicado al registro de las condecoraciones y estará dividido en cuatro secciones correspondientes a las cuatro clases de títulos expuestos anteriormente. Estos se inscribirán en orden cronológico e incluirá el nombre de la persona, entidad o corporación a quienes se les haya otorgado alguna distinción, la fecha del acuerdo, un breve resumen de las causas incluidas en el expediente así como del acto de entrega o la imposición. El segundo volumen agrupará las firmas de personalidades que hayan honrado con su visita el Palacio Provincial. Tanto el libro como los expedientes habrán de ser custodiados por el Sr. Secretario General de la Excma. Diputación Provincial si bien durante la realización de esta investigación no existen estos libros y no hay ningún registro de personas o instituciones galardonadas por lo que todo el material con el que se ha trabajado ha sido fruto de mi investigación personal que hubiera sido más fácil si se hubiese cumplido lo estipulado en el artículo 19 que insta a que los acuerdos de concesión sean publicados en el Boletín Oficial de la provincia.

No obstante, si se ha realizado un acto solemne para su entrega, ya fuese en el Salón de Actos del Palacio Provincial o en otro lugar como señala el artículo 20 que fue recogidos por la prensa local y, gracias a aquella, tenemos un soporte visual y documental de estos actos.

El artículo 21 indica la acreditación del mérito que debe acompañar al galardón que será un pergamino en el que conste el nombre, un resumen de los servicios incluidos en el expediente y la fecha del acuerdo de la Corporación.

El capítulo sexto sigue la tónica del reglamento de 1963 e incluye las distinciones a los ayuntamientos de la provincia con el fin de "estimular la labor municipal y premiar aquellas de más relevancia, la Excma. Diputación Provincial podrá otorgar a los Ayuntamientos de la Provincia, las medallas creadas al amparo de este Reglamento". Y señala que los méritos que tienen que aportar deberán contenerse en algunos de estos supuestos (que son exactamente los mismos que los descritos en 1963):

> "1°.- Mejoras morales y materiales.
> 2°.- Labor de limpieza, ornato y embellecimiento.
> 3°.- Labor cultural y artística.
> 4°.- Labor asistencial y benéfica.
> 5°.- Cualesquiera otros méritos y circunstancias relativos a servicios de su competencia".

Se indica, además, la relevancia de los medios utilizados y la aportación realizada por la Diputación para conseguir aquellas pretensiones. Si bien hasta la fecha estudiada no se habían entregado ninguno de estos reconocimientos, puede entenderse como tales la realización de la imposición de los galardones en diferentes pueblos de la provincia tal y como se viene haciendo estos últimos años.

El capítulo séptimo hace referencia al uso de las distinciones. En el único artículo que lo desarrolla, se describe su utilización de la siguiente manera:

> "Podrán usar públicamente los correspondiente distintivos, en los actos públicos a que deban concurrir, las personas, Entidades y Corporaciones a quienes se les hayan otorgado las condecoraciones con arreglo a los preceptos de este Reglamento".

En su disposición transitoria se permite seguir disfrutando de los reconocimientos otorgados a todos aquellos que los tuviesen concedidos con anterioridad a la entrada en vigor de este nuevo reglamento, "con arreglo a lo establecido en las disposiciones vigentes en el momento de su concesión". Y la disposición derogatoria, revoca el anterior reglamento de 1963 y su posterior modificación de 1970. La disposición final establece que la entrada en vigor se producirá en el momento de su publicación en el Boletín Oficial de la Provincia.

CAPÍTULO 6.
LA DIPUTACIÓN DE JAÉN

1. LOS ORÍGENES DE LA DIPUTACIÓN DE JAÉN

La primera referencia que encontramos con la denominación de "provincia" que aglutinó a parte de estos territorios, la encontramos con la creación de la Provincia Marítima de Segura de la Sierra promulgada por Fernando VI mediante la Real Cédula de 31 de enero de 1748 tal y como nos lo citan Cruz Aguilar (1981:53) y López Arandia y Montijano (2012:837) que quedaría suprimida el 22 de diciembre de 1833 con la aprobación de las Nuevas Ordenanzas de Montes (Chamocho, 2003:79).

Desde el punto de vista geográfico, la capital del antiguo reino se mantuvo durante las divisiones de principios del siglo XIX. Nos refiere Burgueño (1995: 46) que Lanz pensó establecer la capital en La Carolina y que Baeza intentó, en 1837, hacer valer su posición geográfica. Finalmente, Bauzá y Larramendi conservaron la capitalidad jienense por motivos de orden práctico, tal y como recoge Calero (1987: 129): "Su capital [...] aunque no muy central, ya la provincia toma su nombre, los pueblos están acostumbrados a tenerla por tal, con silla episcopal, y se ahorran los gastos de traslación, etc.".

Los límites definitivos de la provincia de Jaén nos los ofrece Chamocho (2003:78) y están definidos en el Decreto de 30 de noviembre de 1833 de forma más somera que lo realizado en divisiones anteriores:

> "esta provincia confina por el N con la de Ciudad Real, por el E con las de Albacete y Granada, por el S con esta última y por el O con la de Córdoba. El límite O es el antiguo de la provincia de Córdoba. Su Límite N es asimismo el antiguo con la Mancha hasta la Venta quemada, donde empieza el límite E el cual pasa por el E de Villarodrigo, confluencia de Riofrío y Guadalimar, E de Siles; a cortar el Seguro al N de Santiago de la Espada, y buscar el límite con granada y Murcia, cerca de los orígenes del rio Taivilla. El límite S es el que tiene actualmente con la provincia de Granada".

Las primeras noticias sobre la creación de la Diputación Provincial de Jaén las encontramos en el Archivo del municipio jienense de Rus donde se conserva el discurso pronunciado el 29 de junio de 1813[81] por el Presidente D. José Manuel de Vadillo con motivo de la primera constitución de la Corporación provincial, después de dos intentos fallidos. Si bien, no sería hasta la aparición del Real Decreto del ministro Javier de Burgos cuando se crearía la provincia de Jaén tal y como la conocemos hoy en día. Con esta nueva división, desaparecería el Reino de Jaén después de 587 años.

La inestabilidad política de principios del siglo XIX hizo que esta nueva institución en Jaén no se consolidara hasta el 15 de noviembre de 1835[82] cuando se reinstauraría la Diputación Provincial por tercera y última vez, manteniéndose hasta nuestros días.

2. LOS REGLAMENTOS DE HONORES Y DISTINCIONES DE LA DIPUTACIÓN PROVINCIAL DE JAÉN

2.1. La creación de la Medalla de Jaén de 1955

En la sesión plenaria del 11 de mayo de 1953[83] de la Diputación de Jaén encontramos la primera referencia sobre galardones, fue la petición del Presidente de la Corporación al pleno sobre la necesidad de crear la Medalla de Jaén mediante el siguiente texto:

> "A continuación y por el Sr. Presidente, le expone a la Excma. Diputación Provincial la conveniencia y necesidad de crear la Medalla de la Provincia de Jaén, para premiar los relevantes servicios prestado en pro de la misma por Entidades y particulares, acordándose que por unanimidad que por la Comisión de Gobierno se estudie y redacte el Reglamento o bases que han regir para la concesión de la misma".

Posteriormente, en las actas de la sesión ordinaria de 10 de junio de 1955[84] se aprobó el proyecto del reglamento de la Medalla según el texto siguiente y se convocó un concurso público para su diseño a través de un anuncio en el Boletín Oficial[85]:

> "De conformidad con la propuesta de la Comisión de Gobierno, la Excma. Corporación por unanimidad acuerda aprobar el proyecto de Reglamento de la Medalla de la provincia, redactado por la Comisión nombrada al efecto, y que en armonía con lo establecido en el artículo 305 del reglamento de Organización, Funcionamiento y Régimen Jurídico de las Corporaciones Locales de 17 de mayo

[81] A.M.Rus: Código 1.01.04.04, "Otras disposiciones (1784-1813)", caja 41.

[82] A.D.P.J.: Lib. A-1, Tomo 2, Fol 2R - 2V.

[83] A.D.P.J.: Lib. A-199 FOL 168R.

[84] A.D.P.J.: Lib. A-203 FOL 38V-39R.

[85] Boletín Oficial de la Provincia de Jaén nº 120, de 31 de mayo de 1955, p. 669.

de 1952, se somete dicho Reglamento a información pública por espacio de un mes, y a la autorización del Ministerio de la Gobernación.

Asimismo, ratifica la Excma. Corporación el concurso convocado para premiar un dibujo que sirva de modelo para la confección de la Medalla de la provincia de 31 de mayo y previo examen de los modelos presentados, la Excma. Corporación acuerda por unanimidad, conceder el premio señalado de 1.000 pesetas al modelo que tiene por lema "Ofrenda" del que resulta ser autor, una vez abierta la plica correspondiente D. Manuel Serrano Cuesta, vecino de esta capital, y con domicilio en Alcantarilla número 1; y otorgar un accésit de 500 pesetas al modelo presentado con el lema "Trabajo y Amor" del que resultó autor, una vez abierta la plica correspondiente, el aparejador D. Manuel Aranda Rendo; cuyo dibujo, conforme a las bases del concurso quedan de propiedad de esta Excma. Diputación provincial; y servirán de orientación para que la Comisión especial que ha sido designada al efecto, previo asesoramiento de los técnicos que estime convenientemente, utilizar esta Corporación, establezca el modelo definitivo de dicha Medalla".

En las actas de la sesión ordinaria del 11 de julio de 1955[86] se propuso llevar a cabo la confección de la Medalla de la Provincia:

"De conformidad con la propuesta de la Comisión encargada de señalar el modelo de la Medalla de la provincia de Jaén, se estima que desde el punto de vista plástico, y dado el valor expresivo, se hace digna de llevarse a la realidad, la que presentó el dibujo solicitado fuera de concurso del Sr. Arquitecto de esta Corporación D. José Jiménez Jiménez que (¿?), de una manera decidida, vigorosa, simple y sincera, elementos definidores del ámbito provincial, tanto el anverso como en el reverso de la mencionada Medalla, encontrándose plenamente resuelta la unión con la cinta; acordándose, por consiguiente que se lleve a la realidad dicha Medalla y que la redacción del artículo 6°, del Reglamento correspondiente sea la que sigue:

Artículo 6°.- La Medalla, en (¿?) tres categorías, tendrá una altura de cinco centímetros y un ancho de tres centímetros y nueve milímetros. En el anverso figurará una composición en la que intervengan tanto los valores puramente expresivos como formales, ligados de manera simple y vigorosa donde se coordine, en admirable consorcio, un Castillo, el Escudo de la Provincia y una moneda recortada, superpuesta al plano en que se encuentran los anteriores y que llevará una madona portadora de una rama de olivo. En el reverso, dentro de una composición sencilla, figurará en la parte inferior una cartela para grabar en su momento, el nombre de la persona galardonada, llevando orla, ligada con laurel y espiga, representando esta última la semilla que fructificará un día y como motivo principal, el Santo Rostro.

La Medalla será del metal que corresponda a su categoría sin piedras preciosas ni esmaltes, e irá pendiente de una cinta de color verde, extendida entre un pasador, para prenderla y un remate para coger la anilla, ambos de oro, plata, o bronce, según los casos".

[86] A.D.P.J.: Libro de Actas A-203 FOL 59R - 59V.

El primer texto de este primer reglamento se publicó en el Boletín Oficial[87] de Jaén en el mes de julio de 1955 si bien sufrió unas ligeras alteraciones y su redacción final se produjo con la divulgación, de nuevo, a través del Boletín Oficial[88] de Jaén en el mes de agosto. La copia del texto definitivo es el documento sobre el que se fundamenta esta investigación se encuentra en el expediente custodiado en el Archivo de la Diputación Provincial[89]. Consta de varios capítulos desarrollados del siguiente modo:

1. Capítulo I: Objeto de la Medalla y sus categorías (art. 1 - art. 5).
2. Capítulo II: Distintivo e insignias (art.6).
3. Capítulo III: Reglas para su concesión (art.7 - art. 14).
4. Capítulo IV: Honores y distinciones anejas a la condecoración (art. 15 - art. 16).
5. Capítulo V: Desposesión de la Medalla (art. 17).
6. Capítulo VI: Modificaciones e interpretaciones del Reglamento (art. 18 - art. 19).
7. Disposición final

Con el primer artículo se estableció la finalidad del otorgamiento de los galardones de la Diputación de Jaén: "premiar merecimientos excepcionales, servicios destacados, trabajos valiosos en cualquiera de los aspectos patrióticos, cultural, científico, religioso, político, artístico, social, económicos, moral o material o aportaciones singulares en orden al engrandecimiento de la provincia". Y, con el segundo artículo, se disponían las categorías de los honores que serían de oro, plata o bronce y el número máximo que de ellas debían existir. De esta manera serían seis de oro, doce de plata y veinticinco de bronce.

La Medalla de Oro estaba destinada a premiar significativas virtudes "contraídos por las personas naturales con la provincia, [...] por actos que, en algún modo, contribuyan a la grandeza o magnificencia de aquella o al fomento de los intereses morales y materiales con realización eficiente y verdadera transcendencia", según establecía el artículo 3. Para el caso de la Medalla de Plata, también podía entregarse como distinción colectiva destinada a "Corporaciones, Asociaciones o Entidades". En este caso, su número estaba limitado a diez, independientemente de las doce que podían entregarse a personas tal y como disponía el artículo 2.

En cuanto a la Medalla de Bronce, el artículo quinto estipulaba que iría destinado al reconocimiento de los funcionarios de la Corporación con veinte años de antigüedad y que se hubieran destacado en el ejercicio de sus funciones. Asimismo, también preveía su otorgamiento a aquellas personas que, aun no siendo empleados de la Corporación, hubiesen realizado méritos suficientes que mereciesen dicho reconocimiento.

[87] Boletín Oficial de la Provincia de Jaén nº 163, de 26 de julio de 1955, pp. 853 - 855.
[88] Boletín Oficial de la Provincia de Jaén nº 168, de 1 de agosto de 1955, pp. 877 - 879.
[89] A.D.P.J.: Expediente 2606/15.

El segundo capítulo contenía el artículo sexto en el que se describía pormenorizadamente las características de la Medalla de Jaén, una vez realizado el concurso para su diseño:

> "Artículo 6º.- La Medalla, en sus diferentes categorías, tendrá una altura de cinco centímetros y un ancho de tres centímetros nueve milímetros. En el anverso figurará una composición en la que intervengan tanto los valores puramente expresivos como los formales, ligados de manera simple y vigorosa, donde se coordine en admirable consorcio un Castillo, el Escudo de la Provincia y una moneda recortada, superpuesta al plano en que se encuentren los anteriores y que llevará una madona portadora de una rama de olivo. En el reverso, dentro de una composición sencilla, figurará en la parte inferior, una cartela para grabar, en su momento, el nombre de la persona galardonada, llevando orla ligada con laurel y espiga, representado esta última la semilla con la que fructificará un día y, como motivo principal, el Santo Rostro.
>
> La Medalla será del metal que corresponda a su categoría, sin piedras preciosas ni esmaltes e irá pendiente de una cinta de color verde, extendida entre un pasador, para prenderla, y un remate para coger la anilla, ambas de oro, plata o bronce, según los casos".

El procedimiento para su concesión venía establecido en el capítulo tercero y que debía seguir unos pasos establecidos mediante su articulado. Así, para su tramitación era necesaria la incoación de un expediente en el que se justificaran las razones para su otorgamiento (artículo séptimo). Pero este expediente se llevaría a efecto mediante el acuerdo previo de la Excma. Diputación Provincial (artículo octavo) "adoptado en votación secreta y por papeletas en las que sólo se consignen las palabras "si" o "no", sin cuyo requisito no será válida". Si bien también estaba permitida la iniciativa popular que debía contar al menos con seis Diputados provinciales o mediante solicitud de seis entidades, corporaciones o asociaciones que representaran los valores que se querían premiar.

En cuanto a la instrucción y tramitación de este expediente, debía llevarse a cabo mediante el trabajo conjunto de la Comisión de Gobierno y un condecorado que hubiese obtenido, al menos, la Medalla de Plata. En este expediente habían de incluirse toda aquella información que fuese acreditadora de los beneficios procurados a la institución o su provincia así como las opiniones o dictámenes procurados por otros organismos con el fin de completar los méritos por los que se galardonaba. Cualquiera de estos informes sería tratado con discreción si se hacía constar a la Comisión instructora.

Con la finalización del expediente (artículo décimo), se realizaría un dictamen con la proposición de la concesión (con la constancia de la categoría que debía ostentar) o con la denegación del galardón, que era elevado al pleno de la Diputación Provincial por parte de la Comisión que había llevado la instrucción. Los acuerdos definitivos se tomaban en el pleno mediante votación secreta y teniendo en consideración el informe remitido por la Comisión. Para la concesión de la Medalla eran necesarios los votos favorables siguientes (artículo 11); para la Medalla de Oro, los votos de las cinco sextas partes de los miembros de la Corporación; para la Medalla de Plata, los votos de las dos terceras partes y para la Medalla de Bronce, la mitad más uno de los votos de los componentes del pleno.

En el caso que el informe de la Comisión fuera contrario a la concesión del galardón, este dictamen debía ser ratificado por el Pleno de la Corporación con los votos de la mayoría de los asistentes (artículo 12). La constancia fehaciente del acuerdo de concesión estaba recogida en el artículo 13 de este reglamento donde se estipulaba que debía ser comunicada al interesado, publicada en el Boletín Oficial de la provincia de Jaén e inscribirse en el Libro Registro que sería guardado en la Secretaría General. Por último, según recogía el artículo 14, los reconocimientos se entregarían en un acto organizado por la Diputación Provincial e impuestos por el Presidente y se harían constar por escrito mediante un diploma.

Además de la distinción entregada y su reconocimiento público, la Medalla de la Provincia de Jaén llevaba aparejada otro tipo de honores que se pormenorizaban, según la categoría otorgadas en el capítulo cuarto de este reglamento. De este modo, las personas naturales de la provincia podían lucir la Medalla (de cualquier categoría) sobre el pecho en los actos oficiales a los que asistiese y tendrían una miniatura para uso diario y extraoficial. El artículo 15 también disponía que, cuando se hubiera entregado en concepto de recompensa colectiva, la institución agraciada podía llevar una Corbata de seda verde con flecos de hilo de plata en su bandera.

Para el caso en el que los galardonados no fuesen naturales de la provincia, los honores que les correspondían estaban expuestos en el artículo 16; los Medallas de Oro eran considerados, a su vez, como Hijos Adoptivos y Predilectos de la provincia y se les confería el derecho a ocupar asiento en los estrados y concurrir bajo mazas en los actos que celebre o asista la Corporación Provincial. Para las Medallas de Plata, tendrían derecho a asiento y concurrir bajo mazas en los mismos actos. En el supuesto que el galardonado fuese una entidad, asociación, etc., el Presidente o Alcalde sería quien tuviera derecho a estas preeminencias. Finalmente, los Medalla de Bronce, sólo tenían derecho a formar en la comitiva bajo mazas en los actos de la Corporación.

Es interesante y destacable capítulo quinto cuyo único artículo, el 17, trataba de la desposesión del galardón y que se recogía en los siguientes términos:

> "El titular de la Medalla de la Provincia de Jaén que resultase condenado por hechos delictivos o realizase actos contrarios al patriotismo, al honor o en desprestigio de la provincia, comprobado en expediente sumario que instruirá la Comisión de Gobierno, será desposeído de la Medalla, con pérdida de todos los honores concedidos, en virtud de acuerdo del Pleno de la Excma. Comisión Provincial, adoptado por igual número de votos que el exigido para la concesión".

El último capítulo hacía referencia a las posibles modificaciones que se podían realizar en el reglamento. En este sentido, el artículo 18 señalaba que, si se producían, se requería el voto favorable de las cinco sextas partes de los miembros que formasen la Diputación Provincial. Y, para la interpretación de este con respecto a las dudas que pudiese originar, serían resueltas por la Diputación Provincial que contaría con el aval, necesariamente, del informe previo de la Comisión de Gobierno.

Con la disposición final que cerraba esta normativa, se propuso entregar la primera Medalla de la Provincia de Jaén dispuesta por este reglamento al Sr. D. Francisco Franco Bahamonde en su calidad de Jefe del Estado, tal y como se recoge en la documentación. Lo que fue aprobado por el Pleno y publicado en el Boletín Oficial de la Provincia de Jaén y que le fue entregada durante la visita que realizó en mayo de 1961, tal y como nos lo relata el NO-DO[90].

La aprobación final de este reglamento por parte del Ministerio de la Gobernación, se dio a conocer en la sesión ordinaria del 12 de julio de 1957[91] donde se incluyó el siguiente texto:

> "La Corporación se dio por enterada de la comunicación remitida por el Excmo. Sr. Gobernador civil de la provincia, trasladando la resolución acordada por el Excmo. Sr. Ministro de la Gobernación, aprobatoria del Reglamento confeccionado por esta Diputación Provincial para la concesión de la Medalla de la Provincia que fue aprobado en su sesión de 10 de junio de 1955: y en su consecuencia acuerda que se contiene la tramitación de los expedientes que existan ya iniciados sobre la concesión de dicha Medalla, y concretamente que se lleve a efecto la disposición final del citado Reglamento para que sea entregada la primera Medalla en su máxima categoría a S.E. el Jefe del Estado y Caudillo de España, Excmo. Sr. D. Francisco Franco Bahamonde como prueba de constante cariño, respeto, adhesión y admiración que esta provincia le profesa, facultando al Sr. Presidente para que adopte las medidas que estime oportunas a este respecto".

Sólo cinco años después, el 15 de junio de 1962[92] se acordó nombrar una comisión para el estudio de las modificaciones del reglamento:

> "A propuesta del Ilmo. Sr. Presidente, la Excma. Corporación acuerda por unanimidad, nombrar una Comisión integrada por el Sr. Vicepresidente, D. Miguel Sánchez López, y los Diputados Sres. Mariscal y García Ortiz, para que estudien y propongan las modificaciones que estimen pertinentes, en el Reglamento que tiene aprobado esta Diputación para la concesión de la Medalla de la Provincia y principalmente para la elevación de las categorías de Oro, especialmente orientada tales modificaciones a dar una mayor flexibilidad en cuanto a los trámites necesarios para la concesión de dicha Medalla en todas sus categorías (…)".

La modificación del reglamento honores y distinciones se propuso en la sesión 17 de julio 1962[93], donde se realizó el acta de la reunión celebrada por la Comisión designada para la segunda modificación del reglamento para la concesión de la Medalla de la Provincia cuyo texto reflejamos a continuación:

---

90 http://www.rtve.es/filmoteca/no-do/not-956/1470442/ (Consultado el 1 de diciembre de 2014).
91 A.D.P.J.: Libro de Actas A-205 FOL 146V - 147R.
92 A.D.P.J.: Libro de Actas A-213 FOL 109R.
93 A.D.P.J.: Libro de Actas A-213 116V - 117R.

"Dada cuenta del acta de la reunión celebrada por la Comisión designada al efecto para la modificación del Reglamento para la concesión de la Medalla de la Provincia, en la que se propone a esta Corporación las siguientes modificaciones:

1º.- Suprimir el límite de Medallas que puedan concederse. Art. 2.

2º.- Ampliar con la Medalla de Plata, las que puedan concederse a funcionarios. Art. 5º.

3º.- Añadir un párrafo que diga: "En casos excepcionales urgentes, la Comisión podrá simplificar o reducir los informes del expediente que, en todo caso, resolverá el pleno de la Corporación. Art. 9º.

4º.- Que los votos necesarios para la concesión de la Medalla de Oro, sean las dos terceras partes de los miembros de la Corporación. Art. 11º.

5º.- Que para modificar este Reglamento baste las dos terceras partes de voto. Art. 18º.

En su consecuencia y aceptando dicha propuesta, la Corporación acuerda que dicho Reglamento y en los artículos citados queden citados en la siguiente forma:

Artículo 2º.- Esta distinción será de tres categorías, de Oro, de Plata y de Bronce, sin limitación alguna en cuanto al número a conceder en cada caso.

Artículo 5º.- La Medalla de la Provincia en su categoría de Plata y Bronce, recompensará a los funcionarios y empleados de la Excma. Diputación Provincial, que con veinte años de antigüedad hayan prestado relevantes servicios a la misma, realizando trabajos meritorios y ejercido su profesión, cargo o empleo con destacada laboriosidad y ejemplaridad.

Igualmente podrán ser concedidas a las personas no dependientes de la Excma. Diputación Provincial, cuando aun siendo estimables los méritos por ella contraídas; no sean lo suficientemente importantes para concedérsele la Medalla de Oro.

Artículo 9º.- Corresponderá a la Comisión de Gobierno, en unión de un condecorado con Medalla de Plata, al menos, si lo hubiese, instruir y tramitar el expediente de justificación de Méritos y circunstancias con inclusión de cuantas informaciones, pruebas o diligencias se necesiten para que los servicios, hechos o actuaciones consten fehacientemente, pudiendo interesar el dictamen, opinión o asesoramiento de otras personas, entidades, organismos o Corporaciones, a fin de completar cuantos elementos de juicio requiera el caso.

Cuando alguna opinión, dato, informe o consejo se emita con carácter reservado, la Comisión instructora guardará secreto e impedirá cualquier divulgación o indiscreción.

En casos excepcionales o urgentes, la Comisión podrá simplificar o reducir los informes del expediente, que en todo caso, resolverá el pleno de la Corporación.

Artículo 11º.- La Excma. Diputación Provincial, a la vista del expediente y dictamen al que se refiere el artículo anterior, adoptará acuerdos definitivos por votación secreta, siendo preciso para conceder esta Condecoración, los siguientes votos favorables: Para la Medalla en su categoría de Oro, los votos de las dos terceras partes de los miembros que componen la Corporación.

Para la Medalla de Plata los de las dos terceras partes de aquellos.

Y para la Medalla en su categoría de Bronce, la mitad más uno de los componentes de la Excma. Diputación Provincial.

Artículo 18º.- Para modificar algún precepto de los contenidos en el presente Reglamento, habrá que requerirse acuerdo del Pleno de la Excma. Diputación

> Provincial con el quórum favorable de las dos terceras partes de los miembros que la forman.
>
> Este acuerdo ha sido adoptado por 17 señores Diputados que constituyen la cinco sextas partes de los Miembros que componen la Corporación, por lo que ha obtenido el quórum suficiente para su modificación".

Para completar la tramitación del expediente sobre modificación del Reglamento y Medalla de la provincia de Jaén se informó a la Corporación en la sesión de 31 de agosto de 1962[94] de la comunicación emitida por el Director General de Administración Local en estos términos:

> "Dada cuenta de la comunicación recibida del Ilmo. Sr. Director General de Administración Local, sobre la modificación acordada en sesión de 17 de julio último, del Reglamento de la Medalla de la Provincia, la Excma. Diputación acuerda por unanimidad, completar la tramitación de dicho expediente en la forma indicada en dicha comunicación".

A partir de esa fecha no se volvió a tocar el reglamento y, durante este periodo de tiempo hasta la entrada en vigor de la siguiente normativa relativa a honores y distinciones se produjeron la mayoría de las condecoraciones otorgadas por la Diputación Provincial de Jaén.

2.2. El reglamento sobre la creación y concesión de la Medalla de Jaén de 1991[95]

En la sesión del 2 de abril de 1991[96] fue tratado como asunto de urgencia, por no encontrarse en el orden del día, la aprobación por unanimidad del Reglamento de Premios, Becas y Honores de la Diputación de Jaén. Dentro de esta disposición, la referencia principal del objeto de estudio de esta investigación es la que tiene como epígrafe: Reglamento sobre creación y concesión de la Medalla de la provincia de Jaén que se realizó al amparo de lo dispuesto en el Real Decreto 2568/1986, de 26 de noviembre, cuya estructura es la siguiente:

- Título I: Creación.
- Título II: Disposiciones generales.
- Título III: Derechos y prerrogativas.
- Título IV: Tramitación del expediente.

Estos títulos estaban desarrollados a través de 12 artículos y una disposición final. Con su primer artículo define la finalidad de la Medalla de la provincia: "reconocimiento de las acciones, servicios y méritos especiales o extraordinarios realizados por ciudadanos o entidades". Con las disposiciones generales se señalaba que la Medalla de la Provincia era la distinción más importante de la Diputación

94 A.D.P.J.: Libro de Actas A-213 FOL 130V.
95 Boletín Oficial de la Provincia de Jaén nº 139, de 19 de junio de 1991, pp. 1824-1825.
96 A.D.P.J.: Lib. A-312, Fol. 1R.

Provincial y podía otorgarse a personas o entidades, naturales o residentes en la provincia y, también, a título póstumo.

La especial relevancia en el quehacer profesional o las acciones y servicios que supongan un beneficio significativo, en cualquier aspecto, para el conjunto de la provincia eran méritos a tener en cuenta para la justificación de la concesión de esta distinción a la persona propuesta.

Sin embargo, no podían ser galardonados los políticos en el ejercicio de su cargo salvo que el acuerdo de concesión fuese adoptado por la unanimidad de los miembros de la Diputación y, en ningún caso, se iniciarían expedientes de concesión a favor de la misma persona que lo hubiera solicitado por lo que, implícitamente, era necesario la petición a través de terceros.

Las únicas prerrogativas a las que da derecho este galardón eran exclusivamente honoríficas estando acreditado con la utilización de la Medalla.

El título IV se denominaba Tramitación del Expediente y, para su instrucción, era necesaria la presentación de una memoria que contuviera los méritos de la persona propuesta y, además, había de contar con la autorización escrita del interesado. Los solicitantes de este reconocimiento estaban especificados de forma precisa en el artículo noveno con los siguientes términos:

> "1.- Diputación Provincial, en escrito avalado por, al menos, un tercio del número legal de miembros de la Corporación.
> 2.- Ayuntamientos de la provincia, en número mínimo de veinte, en acuerdos adoptados, individualmente, por mayoría del número legal de concejales.
> 3.- Representantes de la provincia en las Cortes Generales y en el Parlamento de Andalucía, mediante petición suscrita por un número de éstos que representa, al menos, los dos tercios del número de la representación total de la provincia.
> 4.- Personas naturales de la provincia de Jaén o residentes en ella, en número mínimo del cinco por ciento del Censo Electoral vigente al momento de la solicitud".

Y cualquiera de las solicitudes habían de presentarse antes del 30 de agosto de cada año en un escrito dirigido al Presidente de la Diputación quién designaba a un funcionario de la Diputación como instructor del expediente que era ayudado por asesores con conocimientos de la rama específica de los méritos a tener en cuenta. La apertura de este expediente se publicaba en el Boletín Oficial de Provincia y se dejaba un plazo de dos meses para la presentación de alegaciones. Finalizado este periodo de tiempo, el instructor disponía de un mes más para presentar el informe final a la Comisión de Gobierno de la Corporación para que elevase a Pleno la consideración que se estimara más oportuna ya fuese su concesión o su denegación. En cualquiera de estas circunstancias, el acuerdo plenario había de acogerse con el voto positivo de los dos tercios del número legal de los miembros que componían la Corporación a través de un sufragio secreto.

Con la disposición final se reconocía la entrada en vigor de este reglamento a partir del día siguiente a su publicación en el Boletín Oficial de Jaén así como la revocación de otras normativas existentes sobre honores y distinciones que pudieran existir hasta ese momento sin menoscabo de los galardones otorgados con anterioridad, a los que se les reconocía plena vigencia.

2.3. El reglamento de honores y distinciones de 2009[97]

Aprobado en Sesión Plenaria celebrada el 3 de enero de 2009[98], como punto 11 del orden del día se aprobó el actual reglamento de honores y distinciones con la estructura siguiente:

- Título Preliminar: Disposición General.
- Título I: De los honores y distinciones.
    - Capítulo primero: clases.
    - Capítulo segundo: características y requisitos.
- Título II: Procedimiento.
- Título III: De la publicidad, entrega y uso de las distinciones honoríficas.
- Título IV: Libro de Oro de la Provincia.
- Disposición Derogatoria.
- Disposición Final.

En la exposición de motivos para la regulación de este reglamento se sientan las bases de su creación, que es la de establecer un cauce que permita el reconocimiento, por parte de la institución provincial, a aquellas personas que se hayan desarrollado una especial labor en beneficio de la provincia de Jaén. Como se ha expuesto anteriormente, esta articulación viene avalada por lo recogido en el Real Decreto 2568/1986, de 28 de noviembre[99].

Sus galardones pueden otorgarse tanto a personas, entidades o instituciones siempre que el expediente instruido a tal fin recoja las circunstancias meritorias que prueben su valía. También se prevén las clases de distinciones: Hijo Predilecto o Adoptivo, la Medalla de la Provincia, el Cronista de la Provincia así como otras de carácter excepcional. Todas ellas serán vitalicias.

Los requisitos de cada reconocimiento vienen detallados en el artículo quinto de este reglamento y se concretan de la siguiente manera; el título de Hijo Predilecto sólo podrá concederse a personas físicas naturales de la provincia de Jaén y que, por el desempeño o las cualidades personales hayan realizado acciones en "beneficio o mejora u honor" de la provincia, consigan una alta consideración social. El título de Hijo Adoptivo tendrá que responder a los mismos parámetros pero habrá de recaer en personas físicas que no sean naturales de la provincia de Jaén.

---

[97] Boletín Oficial de la Provincia de Jaén nº 28, de 4 de febrero de 2009, pp. 858-859.

[98] Durante la realización de este trabajo de investigación las actas de la Corporación comprendidas entre los años 1997 a 2014 no se encontraban en el Archivo de la Diputación de Jaén sino que están custodiadas por la Secretaría General motivo por lo que se puede escribir una referencia para su localización. Sin embargo están digitalizadas y se puede obtener el documento.

[99] Real Decreto 2568/1986, de 28 de noviembre, por el que se aprueba el reglamento de organización, funcionamiento y régimen jurídico de las Entidades locales. (BOE nº 305, de 22 de diciembre de 1986; rect. En BOE nº 12, de 14 de enero de 1987).

En cuanto a la Medalla de Jaén, puede ser otorgada tanto a personas físicas o jurídicas y se consignan tres categorías: oro, plata y bronce según las circunstancias evaluadas por la Diputación Provincial. El título de Cronista de la Provincia será para personas físicas que hayan demostrado un profundo conocimiento de la provincia y su nombramiento se rige por una reglamentación específica. Por último, los honores y distinciones de carácter excepcional pueden recaer en personas físicas o jurídicas cuyas acciones no tengan cabida en los supuestos anteriores.

A través del artículo sexto se aclara que estos reconocimientos sólo tienen carácter honorífico y el siguiente artículo propone el criterio restrictivo que debe primar en la concesión ya que su principal motivación es la ejemplaridad. Sin embargo, no hacen referencia al número máximo de recompensas que deben entregarse dejándolo al razonamiento de los evaluadores.

El procedimiento para el otorgamiento de los honores está en el Título II y serán iniciados, por resolución de la Presidencia, de oficio o a instancia de un tercero que puede ser una persona física, una entidad o una asociación. Esta propuesta deberá contener una remembranza en la que se acopien los logros por los que se hace merecedora la persona propuesta. Con la instrucción del expediente se confirmarán y se podrán en valor los méritos que contenga así como su idoneidad para el galardón. Con este fin se dejará un plazo para que se puedan realizar alegaciones todas aquellas instituciones o personas que lo estimen conveniente. Por otra parte, la presidencia de la Diputación, podrá recabar informes (que no serán vinculantes) para la evaluación del expediente. A la finalización del mismo, se entregará a la Comisión Informativa pertinente para que realice un dictamen para la propuesta que será elevada al Pleno de la Diputación de Jaén para su aprobación. De producirse así, el nombramiento será acordado por el Pleno de la Diputación Provincial.

Con el Título III se da cuenta de la publicidad, entrega y uso de las distinciones honoríficas. La notificación pública de los acuerdos de concesión tiene que ser recogida por el Boletín Oficial de la provincia además de ser mostrada en la página web corporativa y expuesta en el tablón de edictos de la Diputación. La imposición de las condecoraciones será realizada en un acto solemne al que acudirá la Corporación, el titular de la Secretaría leerá el acuerdo con el que se aprueba el otorgamiento. El galardón será entregado por el Presidente de la Diputación y se levantará acta de todos los pormenores que sucedan durante esa jornada.

En referencia a aquellas personas que ya posean alguno de los galardones que se recogen en este reglamento, con el artículo 13, se les permite la utilización de los distintivos correspondientes a cada título o nombramiento en los actos organizados por la Diputación Provincial y a los que sean invitados. En este mismo título se incluye la posibilidad de la revocación del galardón cuando su uso no sea el adecuado o cuando las acciones del recompensado puedan suponer un descrédito para aquella, siempre y cuando se instruya el expediente pertinente.

El registro de todas estas recompensas se llevará mediante el Libro de Oro de la Provincia que será custodiado por la Secretaría General de la Diputación y en el que se recopilarán todos los honores y distinciones en orden cronológico junto al que se incluirán los nombres de los distinguidos, la fecha del acuerdo y un resumen del expediente y del acto de entrega según estipulan los artículos 15 y 16. La Disposición Derogatoria deja sin efectos cualquier normativa anterior que aborde estos temas pero manteniendo en vigor los galardones entregados y la Disposición Final señala la entrada en vigor de este reglamento, una vez que se haya publicado en el Boletín Oficial de la Provincia.

2.4. La modificación de 2015

La última modificación del reglamento de honores y distinciones se realizó con el voto unánime del pleno de la Corporación provincial del día 2 de febrero de 2015. Ese mismo día se dio a conocer la noticia a través de la red social "twitter" por la propia Diputación de Jaén (@dipujaen) mediante varios mensajes en el que se anunciaban: la creación de los premios de la provincia[100], el desarrollo de la votación de este punto[101] y la aprobación final de la modificación[102]. Este último tuit nos remitía a la página web de la Diputación[103] donde se ampliaba la información a través de las declaraciones de la vicepresidenta de la Corporación.

Al día siguiente aparecía publicado en el Boletín Oficial[104] de la provincia de Jaén, el extracto que contenía a publicación inicial de la modificación del reglamento de honores y distinciones.

El dictamen sobre la propuesta de esta última modificación del reglamento de honores y distinciones fue colgado en la página web de la diputación de Jaén el día 9 de febrero de 2015[105]. El documento que se exponía al público fue elaborado por la Comisión Informativa de Economía, Hacienda y Asistencia a Municipios que tenía encargada esta empresa desde la sesión ordinaria del 27 de enero de 2015 y cuyo objetivo es el de "galardonar a aquellas personas, entidades o instituciones que hayan destacado por su especial contribución al desarrollo de la provincia de Jaén" por lo que se proponen la creación de los "Premios de la Provincia".

Estos premios irían recogidos en un nuevo título (el quinto) y estaría desarrollado por los artículos 17 al 20. El artículo 17 recoge las categorías que son susceptibles de premiarse, de esta manera, se recoge que pueden ser la "labor científica, técnica, medioambiental, cultural, social y humanitaria" realizada por cualquier colectivo o personas en el ámbito de la provincia de Jaén.

[100] Diputación de Jaén (2 de febrero de 2015). El pleno de @dipujaen aborda hoy la creación de los Premios de la Provincia, a partir de las 10 horas [Tuit]. Recuperado de https://twitter.com/dipujaen/status/562161208724566016.

[101] Diputación de Jaén (2 de febrero de 2015). #PlenoDipujaen aprueba una modificación del Reglamento de Honores y Distinciones que permitirá crear los Premios de la Provincia [Tuit]. Recuperado de https://twitter.com/dipujaen/status/562177053098008576.

[102] Diputación de Jaén (2 de febrero de 2015). Aprobada la reforma del Reglamento de Honores y Distinciones de la Diputación para crear los Premios de la... fb.me/1FOhTfXoB [Tuit].

Recuperado de https://twitter.com/dipujaen/status/562219139670892544.

[103] http://www.dipujaen.es/_area-de-actualidad/detalles.html?uid=2ddb7882-aac3-11e4-8f29-79fb06ed8546 (Consultado el 2 de febrero de 2015).

[104] Boletín Oficial de la Provincia de Jaén nº 22, de 3 de febrero de 2015, p. 2076.

[105] http://www.dipujaen.es/portal-de-transparencia/relevancia-juridica/normas-y-reglamentos-en-curso.html, a 9 de febrero de 2015.

Los premios serán otorgados a propuesta de la Presidencia y su concesión debe llevar la aprobación del Pleno de la Diputación para lo que se realizará una memoria donde se detallen los méritos que les hacen adjudicatarios del galardón. Los acuerdos habrán de publicarse en el Boletín Oficial, la web corporativa y en el tablón de edictos. Por último, la imposición se realizará en un acto solemne por la persona titular de la Presidencia de la Corporación provincial.

Sin embargo, la publicación definitiva de la modificación introducida en el texto del reglamento de honores y distinciones no se produjo hasta el 13 de marzo de 2015 cuando el BOP de Jaén[106] trascribe el texto del dictamen que sugería la modificación así como la enmienda posterior que fue aprobada por unanimidad por todos los asistentes al Pleno.

[106] Boletín Oficial de la Provincia de Jaén nº 50 de 13 de marzo de 2015, pp. 5601-5603.

CAPÍTULO 7.
LA DIPUTACIÓN DE MÁLAGA

1. LOS ORÍGENES DE LA DIPUTACIÓN DE MÁLAGA

Como referencia documental, cuando Juan Antonio Estrada escribe en 1746 *Población General de España, sus Reynos y Provincias, villas, pueblos, islas adjacentes y Presidios de África*, el nombre de Málaga no aparece como provincia, pues hasta el año 1801 el actual territorio estaba repartido entre los Reinos de Granada y Sevilla, que conjuntamente con los de Córdoba y Jaén formaban Andalucía. Al Reino de Sevilla pertenecían los municipios de: Teba, Cañete la Real, Archidona, Estepona, Hardales y Sierra de las Yeguas. Al de Granada todas las demás poblaciones: Málaga, Ronda, Antequera, Fuente Piedra, Marbella, Torre del Mar, Vélez-Málaga, Comares, Coín, Álora, Alhaurín, Cártama, Casarabonela, Casa Bermeja, Almoxía, Alhaurinejo o Alhaurín el Chico (actual Alhaurín de la Torre), Colmenar, Rio Gordo, Torrox, Nerja, Frigiliana y Monda. Por Real Orden del 22 de enero de 1801, Málaga fue erigida en provincia marítima independiente de Granada. Más tarde, en 1809, dividida la España peninsular en departamentos, Málaga fue declarada capital del departamento denominado "El Salado".

Las fuentes escritas que nos narran como se conformó la primera corporación provincial hay que buscarlas en el acta capitular[107] de fecha 20 de diciembre de 1835, donde se describe el acto constitutivo presidido por el teniente Alcalde primero D. Francisco de Sales Sánchez del Águila, acompañado del teniente de Alcalde segundo D. Francisco Rebull y por el también teniente de Alcalde D. José María de Llanos así como por trece regidores y los doce mayores contribuyentes de la ciudad.

La Diputación Provincial de Málaga queda oficialmente constituida el 20 de enero de 1836 según se publicó en el Boletín Oficial de la Provincia[108] mediante el siguiente texto:

[107] A.M.M.: Actas Capitulares de 1835, volumen 234, folio 326 al 327v.
[108] A.D.P.M.: Boletín Oficial de la Provincia de Málaga nº 719 de 26 de enero de 1836. (L-4792).

"Precedidas todas las formalidades i requisitos que se previenen en el real decreto de 24 de septiembre del año prócsimo anterior, se ha instalado en el día 20 del corriente la Diputación Provincial, quedando en el pleno uso i ejercicio de las facultades que le corresponden.

La Diputación, al noticiarlo a VV., se promete que será eficazmente ausiliada en sus trabajos por todas las autoridades, tan interesadas como ellas en la prosperidad i ventura de la provincia, i que VV. Por su parte cooperarán a tan importante objeto con celo i eficacia.

Dios guarde a VV muchos años, Málaga 22 de enero de 1836.

=Ignacio López Pito, presidente=Por acuerdo de la Diputación Provincial= Antonio de Miguel, Secretario.= A los señores alcaldes i ayuntamientos de la provincia".

Sin embargo, las actas de esta primera institución no se salvaron tras el incendio de 1922 y, a día de hoy, el primer libro de actas[109] que se conserva es del año 1876.

2. LOS REGLAMENTOS DE HONORES Y DISTINCIONES DE LA DIPUTACIÓN PROVINCIAL DE MÁLAGA

2.1. El primer reglamento de honores y distinciones de 1957

El proyecto del primer reglamento de honores y distinciones de la Diputación de Málaga fue aprobado en la sesión de 22 de mayo de 1954[110] y publicado mediante edicto en el BOP de Málaga[111] para su información pública. Su aprobación definitiva tuvo lugar en la sesión del 23 de agosto de 1954[112] con los votos de la mayoría absoluta de los miembros que componían la Corporación y fue ratificado por la Dirección General de Administración Local mediante la Orden de 24 de junio de 1957.

Estaba compuesto por cinco capítulos y desarrollados en 21 artículos organizados de la siguiente manera:

- Capítulo I: Normas Generales (arts. 1 y 2).
- Capítulo II: Clases de Recompensas (arts. 3-11).
- Capítulo III: Expedientes de Concesión (arts. 12-17).
- Capítulo IV: Imposición de distinciones (arts. 18-20).
- Capítulo V: Primera inscripción en el Libro de Oro de Málaga (art. 21).

En las normas generales recogidas en el primer capítulo, el artículo primero señalaba la finalidad del reglamento de honores y distinciones: "premiar merecimientos excepcionales, servicios destacados, trabajos valiosos en cualquiera de los aspectos patrióticos, cultural, científico, religioso, político, artístico, social, económico, moral o material, o aportaciones singulares en orden al engrandecimiento de España o de Málaga" para lo cual se estipularon una serie de recompensas

[109] A.D.P.M.: Libro de Actas 6253 "1876. Actas de la Diputación Provincial desde 30 de enero hasta 16 de noviembre".

[110] A.D.P.M.: Libro de Actas de Pleno 6285; sesión ordinaria de 22 de mayo de 1954, punto nº 25, p. 128.

[111] A.D.P.M.: Boletín Oficial de la Provincia de Málaga nº 127 de 2 de julio de 1954. Página 859. (L-6531).

[112] A.D.P.M.: Libro de Actas de Pleno 6285; sesión ordinaria de 23 de agosto de 1954, punto nº 30, p. 204.

honoríficas con una restricción en el número que de ellas podían otorgarse. Éstas eran las siguientes:

- Nombramiento de Hijo Predilecto de la provincia, limitado a diez.
- Nombramiento de Hijo Adoptivo de la provincia, limitado a diez.
- Medalla de Oro de la provincia, con un máximo de veinte.
- Medalla de Plata de la provincia, con un máximo de cincuenta.

Al igual que en otros reglamentos, ningún cargo en el ejercicio de sus funciones, podía optar a reconocimiento alguno con la excepción de la Jefatura del Estado.

Con el capítulo II se explicaban las clases de recompensas que se otorgaban y las circunstancias que debían tener los galardonados para la obtención de esta distinción. Así, el nombramiento de Hijo Predilecto sólo podía recaer en los nacidos en la provincia de Málaga y el nombramiento de Hijo Adoptivo sería para aquellos que fuesen de otro origen. Estos reconocimientos eran los de más alta consideración de los otorgados por la Diputación de Málaga y eran de carácter vitalicio.

Con el artículo sexto se hacía una descripción de la Medalla de Oro, sus características y su limitación numérica; lo mismo ocurre con el artículo séptimo en referencia a la Medalla de Plata, sin embargo, en ningún caso se especificaban los méritos a valorar para cada una de ellas. Pero sí se aclaraba que el valor de cada una de las medallas sería costeado por la Diputación.

El artículo décimo explicaba las deferencias protocolarias que les correspondían a los galardonados. Los hijos predilectos o adoptivos y los medallas de oro podían ocupar un lugar inmediato a de la Corporación en los actos oficiales a los que fuesen invitados. Además, todos ellos podían lucir su distintivo en los actos públicos a los que asistiesen.

El artículo undécimo recogía otros dos tipos de reconocimientos que no estaban contemplados con anterioridad como son el de Presidente Honorario de la Corporación y el de Diputado Honorario de la Corporación. Llama la atención la peculiaridad de este nombramiento ya que podía otorgarse por un periodo de tiempo no inferior a tres años ni superior a nueve, dejando fijar el plazo en el acuerdo de designación. Sin embargo, estas personas nombradas carecían de las facultades de gobierno o de administración, pero sí podían tener funciones de representación fuera de la demarcación territorial de Málaga si el Presidente de la Corporación lo estimaba oportuno. También podía recaer esta elección en personas extranjeras siempre y cuando estuviese autorizada por el Ministerio de la Gobernación.

El capítulo tercero regulaba las características del expediente de concesión que es indispensable para motivar el otorgamiento de estos galardones. Sólo para su incoación se requería el acuerdo previo del pleno de la Diputación pero su propuesta podía dimanar, bien de tres miembros de la Corporación bien de ayuntamientos, entidades o centros de carácter oficial, instituciones o asociaciones. En el caso de provenir la petición por parte de particulares, debía de estar suscrita, cuando menos, por veinte solicitantes.

El artículo catorce nos determinaba que la tramitación y la instrucción del expediente eran responsabilidad de la Comisión de Gobierno con la finalidad de recoger toda la información necesaria que permitiese valorar la adecuación de los honores a entregar y que incluirían todos las "informaciones, pruebas o diligencias" donde constaran fehacientemente los méritos a valorar. También habrían de incluirse todos los "dictámenes, opiniones o asesoramiento" y cualquier otro elemento de juicio que ayudasen a cimentar la resolución final.

Finalizado el expediente, la Comisión emitiría un dictamen en el que se proponga la concesión o la denegación del privilegio. En caso positivo, la propuesta incluiría también la clase de galardón que debe ofrecerse que se adoptará a través de un acuerdo definitivo mediante votación secreta que debía contar con el siguiente número de votos favorables:

- Para el nombramiento de Hijo Predilecto o Hijo Adoptivo, tres cuartas partes de diputados que la compongan.
- Para la Medalla de Oro, dos terceras partes de aquellos.
- Para la Medalla de Plata, mitad más uno de los diputados.

Lógicamente, las votaciones se realizarían en sesiones a las que hubiesen acudido las mayorías necesarias para cada supuesto.

El capítulo cuarto era denominado *Imposición de Distinciones*. Se iniciaba con el artículo dieciocho que establecía la publicación en el BOP de cada uno de los honores que se otorgasen así como su inscripción en el Libro de Oro que la Corporación destinaría para este efecto. El artículo diecinueve recogía que la imposición se realizaría por el Presidente de la Corporación en el transcurro de un acto solemne celebrado en el Salón de Sesiones y que contaría con la asistencia del pleno de la Diputación. Junto con el emblema propio del reconocimiento, se le haría entrega de un pergamino en el que constase, además de su nombre y apellidos, una reseña de sus méritos así como del acuerdo de concesión.

Por último, el capítulo quinto sólo incluía un artículo, el veintiuno que instauraba como primer malagueño de adopción a D. Francisco Franco Bahamonde para dedicarle el primer asiento del Libro de Oro en aplicación del reglamento de honores y distinciones que se estaba aprobando. Si bien este reconocimiento fue revocado en la sesión ordinaria del dos de diciembre de dos mil ocho[113] en la que fue aprobado por acuerdo del pleno una serie de honores conferidos a diversas autoridades durante los años del Régimen de Franco en aplicación de la Ley sobre la Memoria Histórica.

2.2. El segundo reglamento de honores y distinciones de 1982

El segundo reglamento de honores y distinciones de la Diputación de Málaga fue una adaptación del anterior, de 1957, a la nueva situación institucional tras la instauración de la democracia y el proceso de autonomía. Fue aprobado inicialmen-

[113] A.D.P.M.: Libro de Actas 7172. Sesión ordinaria del pleno de 2 de diciembre de 2008. Punto nº 13/7 "Mociones: Del Grupo Socialista, sobre la Memoria Histórica", pp. 131-134.

te en la sesión del día 2 de marzo de 1982[114] y publicado en el BOP[115]. La moción presentada, por tres grupos políticos, con respecto al reglamento de honores y distinciones dice textualmente:

> "La necesidad de disponer de un Reglamento en el que se determine el procedimiento y forma de reconocimiento de los servicios que para Málaga y su Provincia hayan prestado determinados grupos o personas, motiva el que se presente el Pleno de esta Diputación dicha moción.- El reconocimiento público de unos servicios excepcionales o de unos merecimientos extraordinarios y que se puede haber beneficiado la Provincia de Málaga, exige que los mismos tengan un reconocimiento por parte de las Entidades Públicas representativas de la Provincia para que quienes los hubieren realizado, de una parte tengan la satisfacción de que su labor no ha sido silenciada, y por otra que los servicios dados a la comunidad sirvan de estímulo y de acicate a otros para continuar y aumentar sus esfuerzos para bien de la sociedad.- El Reglamento que se propone para la aprobación de este Pleno, contiene en su primea parte las clases de recompensas que la Corporación puede dar, según sea la calidad y cantidad de los méritos que el propuesto haya efectuado en pro de la Provincia.- En la segunda parte se destacan los trámites que se han de dar a estas recompensas, que por su carácter extraordinario deben de se relativamente pocas, por lo cual los candidatos a las mismas deben acreditar un comportamiento excepcional, ya que en caso contrario se reconocerían labores o tareas que tiene otros cauces de satisfacción en el Ordenamiento Jurídico vigente. Finalmente en el proyecto de Reglamento propuesto se quiere dar la publicidad del condecorado, de forma que sea el Pleno el que la conceda, y en acto público igual del Pleno se realice la entrega del mismo.- Por todo lo anteriormente expuesto los Diputados que suscriben, solicitan de sus compañeros de Corporación.- a) Aprobar el presente proyecto de Reglamento de Honores y Distinciones.- b) Que se exponga al público el mismo para oír las sugerencias y enmiendas que los interesados consideren oportunas".

Siguiendo el esquema del reglamento de fecha precedente se establecen tres capítulos desarrollados a través de veinte artículos en los que encontramos ligeras variantes en el texto, que señalaremos a continuación, pero con una organización idéntica:

- Capítulo I: Normas Generales (arts. 1-13).
- Capítulo II: Expediente de Concesión (arts. 14-17).
- Capítulo III: Imposición de las distinciones (arts. 18-20).

Con el primer artículo del reglamento, se acota el objetivo de la recompensa honorífica que, con la nueva redacción queda: "premiar merecimientos, beneficios señalados, servicios destacados, extraordinarios o excepcionales para con esta provincia"; cerrando el ámbito de actuación en el territorio malagueño. En cuanto a las recompensas, entran en juego algunas ya existentes y otras nuevas, como son:

- Nombramiento de Hijo Predilecto de la provincia de Málaga.

[114] A.D.P.M.: Libro de Actas de Pleno 6323, acta nº 3/82 de la sesión ordinaria de 2 de marzo de 1982, punto nº 6/7 "Moción de los tres Grupos Políticos sobre Reglamento de Honores y Distinciones", pp. 108-110.

[115] A.D.P.M.: Boletín Oficial de la Provincia nº 59 de 12 de marzo de 1982, p. 709. (L-6600).
A.D.P.M.: Boletín Oficial de la Provincia nº 102 de 6 de mayo de 1982, p. 1205. (L-6601).

- Nombramiento de Hijo Adoptivo de la provincia.
- Medalla de Oro de la provincia.
- Medalla de Plata de la provincia.
- Medalla de Bronce de la provincia.
- Nombramiento de miembro honorario de la Corporación.
- Nombramiento de funcionario honorario de la Corporación.

Otra novedad que se incorpora en 1982 es la posibilidad del otorgamiento de los galardones a personas a título póstumo, circunstancia que no se recogía con anterioridad. Sin embargo, se recogen con la misma redacción otro hechos como son: la prohibición, al pleno de la Diputación de Málaga, de otorgar cualquier galardón a personas durante el ejercicio de su cargo político o que tengan cualquier relación con la Administración (si bien se mantiene la excepcionalidad del Jefe del Estado) o, el informe previo del Ministerio de Asuntos Exteriores cuando se desee premiar a personas extranjeras.

En los nombramientos de Hijo Predilecto e Hijo Adoptivo, se conserva la diferenciación entre los nacidos en la provincia o forasteros así como su singularidad en el supuesto en el que concurran más que extraordinarias para su otorgamiento. Del mismo modo, estos nombramientos serán vitalicios pero, en la redacción del reglamento de honores de 1982 se ha eliminado la restricción numérica que, antes, con tanto celo se recogía.

Los artículos séptimo, octavo y noveno describen las medallas que debían contener por el anverso el escudo heráldico de la Diputación de Málaga con sus colores resaltados en esmaltes y con la siguiente leyenda: La Provincia de Málaga. Premio al Mérito. En el reverso constarían el nombre y apellidos del galardonado así como la fecha de concesión. La única diferencia entre las medallas es el metal en el que están realizadas y de que delata la categoría del honor entregado. El coste de estas medallas era asumido en los presupuestos de la Diputación.

Una muestra de deferencia hacia los honrados con los honores de la Diputación de Málaga consistía en la precedencia que ocupaban; el artículo 11 vuelve a recoger la posibilidad de que la colocación de los galardonados sea distinta y distintiva con respecto al público general e incluso que, los Hijos Predilectos, Hijos Adoptivos y los Medalla de Oro de la Diputación ocupen un lugar inmediato al de la Corporación ya sea en los actos oficiales como en las solemnidades de esta Corporación celebre.

En cuanto a los dos últimos nombramientos, este reglamento de 1982 recoge algunas diferencias con el anterior. El Presidente Honorario o Diputado Honorario sigue siendo otorgado por un plazo de tiempo determinado: no menos de tres años ni más de nueve. Desprovistos de cualquier capacidad efectiva de gobierno si que se les atribuye una serie de funciones representativas si éstas han de ser ejecutadas fuera del territorio de la provincia de Málaga. Por otra parte, el nombramiento de Funcionario Honorífico se puede conferir por un tiempo o a perpetuidad pero, en cualquier caso, carece de retribución ya sea de carácter activo o pasivo.

El segundo capítulo de este reglamento se ocupa del expediente de concesión. En su mayor parte sigue al dictado lo normalizado en el anterior salvo en dos puntos. El artículo quince establece que para la iniciación del expediente se necesita la opinión favorable de la mayoría legal de sus miembros. Además, esta propuesta puede dimanar de:

- Al menos tres miembros de la Corporación.
- Solicitud razonada de Ayuntamientos, Entidades, Centros de carácter oficial, Instituciones o Asociaciones.
- Particulares con un mínimo de veinte solicitantes.

Una vez admitida la propuesta, se creará la correspondiente Comisión de Gobierno que estudiará los informes en los que se especifican los méritos aportados y su valía, emitiendo un dictamen en sentido positivo o negativo y qué clase de galardón entregar. La divergencia con respecto al anterior reglamento estriba en la votación del acuerdo "que pueda ser secreta, y para la concesión de condecoraciones se requerirá el voto favorable de las dos terceras partes del número de miembros de hecho, o en su caso, de la mayoría absoluta legal de los miembros de la Corporación".

El capítulo III: Imposición de distinciones, sigue literalmente lo expresado en 1957 pero sufriría una modificación con posterioridad.

2.3. Las modificaciones del reglamento de honores y distinciones del año 2000 y del año 2004

a) *La modificación del año 2000*

En la sesión del pleno de la Diputación de Málaga celebrada el 10 de febrero de 2000[116] se trató la proposición de la Presidencia relativa a la modificación parcial del reglamento de honores y distinciones, en concreto del artículo 19 cuya redacción transcribo:

> "Cada nombramiento o distintivo se entregará e impondrá por el Ilmo. Sr. Presidente en acto de acusada solemnidad, en el Salón de Sesiones del Palacio Provincial o en otro que la Presidencia habilite al efecto, al que asistirá la Diputación en pleno, y cuando la transcendencia del galardón lo requiera, las Autoridades y representaciones que al efecto sean invitadas".

El pleno acordó su nueva redacción mediante el voto de los veintiséis diputados presentes de los treinta y uno que de hecho y derecho componen la Corporación.

[116] A.D.P.M.: Libro de Actas 6357, Acta nº 3/2000 de la sesión extraordinaria y urgente del pleno de 10 de febrero de 2000. Punto nº 11.B/5 "Honores y Distinciones: Modificación parcial del Reglamento de Honores y Distinciones de la Diputación", pp. 214-215.

b) La modificación del reglamento del año 2004

Esta última reforma se llevó a efecto con el acuerdo plenario del 2 de marzo de 2004[117] con el anuncio del expediente que se tramitó a este efecto en el Boletín Oficial de 4 de marzo de 2004[118] con la finalidad de dar oportunidad de presentar reclamaciones o sugerencias a todos aquellos a quienes pudiese interesar. El texto íntegro se publicó en el BOP de 18 de mayo de 2004[119] en el que se recogía lo siguiente; en el artículo sexto se transformó la inscripción con la que se orlaba la medalla entregada por la Diputación. El artículo 7 del texto original se remataba con la leyenda "La Provincia de Málaga, Premio al Mérito" que, ahora, pasaba a ser "Diputación de Málaga. Medalla de la Provincia". Además donde decía "color carmesí" debía ser sustituido por "color azul".

El otro cambio del texto de 1982 viene dado por la inclusión de una disposición final que traslado íntegramente por su interés:

> "Cuando se produzcan causas extraordinarias (actuaciones singulares en casos de catástrofes, muerte en accidente del presumible homenajeado, etc.) o hechos objetivos excepcionales, circunstancias estas que imposibiliten los trámites recogidos en este Reglamento, podrá la Diputación conceder el Honor o Distinción a que haya lugar, bastando para ello el acuerdo del Pleno de la Corporación adoptado por unanimidad, y en todo caso por las 4/5 partes del número legal de sus miembros".

[117] A.D.P.M.: Libro de Actas 7157, Acta nº 3/2004 de la sesión ordinaria de 2 de marzo de 2004. Punto nº 11.A/4 "Asunto Urgente. Honores y Distinciones: Modificación parcial del Reglamento de Honores y Distinciones de la Provincia de Málaga", pp. 127-128.

[118] Boletín Oficial de la Provincia de Málaga nº 44 de 4 de marzo de 2004, p. 87.

[119] Boletín Oficial de la Provincia de Málaga nº 95 de 18 de mayo de 2004, pp. 19-20.

CAPÍTULO 8.
LA DIPUTACIÓN DE SEVILLA

1. LOS ORÍGENES DE LA DIPUTACIÓN DE SEVILLA

La referencia bibliográfica entorno al nacimiento de la Diputación sevillana la encontramos de la mano del profesor Cuenca Toribio (1963: 211-212) quien nos relata como a finales de noviembre de 1813 esta institución se da a conocer al Ayuntamiento mediante un oficio dirigido al Jefe Político:

> "Diputación Provincial.
> Excmo. Señor:
> Ha principiado sus sesiones la Diputación Provincial ayer 22, del corriente, y debiendo por la naturaleza de su institución procurar por todos los medios posibles el bienestar y prosperidad de esta Provincia, se ha persuadido que el primer paso que debía dar al comenzar sus tareas era dar parte de su reunión a las demás autoridades principales de la misma, y significarlas sus sinceros deseos de mantener con todas la más estrecha unión y armonía, sin lo cual todo es obstáculos para hacer el bien y promover la prosperidad general. Lo que de orden de la Diputación participo a V.E. para Su inteligencia y satisfacción.
> Dios guarde a V.E. muchos años. Sevilla, 23 de noviembre de 1813.
> *Firmado*: Luís María de Salazar.
> Excmo. Ayuntamiento constitucional de esta ciudad".[120]

La cortesía obligaba a animar al nuevo órgano por su esperanzador comienzo para lo que una delegación del Ayuntamiento acudió a felicitarles[121]. De esta misma expectación se contagió la prensa sevillana expresada a través de las páginas del *Diario del Gobierno de Sevilla,* de fecha 28 de noviembre de 1813, que reseñaba:

> "Ninguna provincia (la de Sevilla quizá más rica en toda España), ninguna donde haya más falta de buena educación, y la industria para sacer las ventajas que

---

120 A.M.S.: Sección 8ª (1ª Época Constitucional), Tomo V, número 42.
121 A.M.S.: Sección 10ª (Actas Capitulares), Acuerdo del 3 de diciembre de 1813.

> le proporciona el suelo; no se necesita más que querer: la Diputación Provincial en queriendo hacer bien, como se espera, puede convertir a la provincia de Sevilla en el país más envidiable: cuando en el día se desconoce la industria, y se halla tan atrasada que se encuentra en ella ni un buen colegio, ni escuela de primeras letras bien montada…"

El balance de la gestión de la Diputación en sus comienzos, en palabras de Cuenca Toribio (1963: 212), es bastante satisfactorio basándose en lo que apuntaba el Correo político y Mercantil de Sevilla. Para Ponce (1999: 52) el escaso margen temporal hace difícil conocer "en qué medida esa primera corporación satisfizo todos los objetivos esperados de ella".

2. LOS REGLAMENTOS DE HONORES Y DISTINCIONES DE LA DIPUTACIÓN PROVINCIAL DE SEVILLA

2.1. El primer reglamento de 1960

En los archivos de la Diputación Provincial de Sevilla se encuentra el primer Reglamento especial para la concesión de la Medalla de la Provincia y Corbatín de Honor Provincial[122]. Su aprobación constaba en la parte inferior del documento donde, de puño y letra se escribe:

> "Diligencia para hacer constar que el Excmo. Sr. Ministro de la Gobernación, por Orden de 13 del ha tenido a bien aprobar el presente Reglamento de la Medalla de la provincia de Sevilla y Corbatín de Honor Provincial. Madrid 15 de Octubre de 1960. El Jefe de la Sección 2ª de la Dirección General de Administración Local. José de la Vega".

En este primer reglamento, de tan sólo nueve artículos, se recogían los motivos por los que se había realizado esta normativa tal y como se expresa el artículo primero: "constatar y premiar, en forma pública y solemne, el esfuerzo y los nobles empeños de aquellas personas e instituciones que, de modo relevante, se hayan distinguido por su benefactora labor o servicios eminentes en orden al engrandecimiento de la Patria y en bien de los intereses y fines peculiares de la Provincia". A continuación citaba la creación de la Medalla de la Provincia de Sevilla en sus tres órdenes de oro, plata y bronce, así como el Corbatín de Honor Provincial en su única categoría.

La Medalla de la Provincia, en cualquiera de sus categorías, sólo podía ser concedida a personas naturales vivas nacionales o extranjeras bien por los méritos descritos anteriormente, bien porque se hayan distinguido de manera especial en las tareas que la Diputación Provincial les confiere para el normal cumplimiento de sus fines. Además se insistía en la inadmisibilidad del título póstumo. Por otro lado, el Corbatín de Honor sería concedido a las Instituciones, Corporaciones, aso-

[122] Reglamento especial para la concesión de la Medalla de la Provincia de Sevilla y Corbatín de Honor Provincial de 15 de octubre de 1960.

ciaciones y, en general, a personas jurídicas nacionales o extranjeras que poseyeran los méritos descritos en los dos casos antepuestos.

También en este reglamento había una mención especial a la restricción de la condecoración. Para las Medallas serían: quince de oro, treinta de plata y sesenta de bronce. El Corbatín de Honor no había limitación de número. Por nuestras investigaciones en el Archivo de la Diputación, no hemos encontrado tantos expedientes sobre otorgamientos de estas condecoraciones. Imaginamos que tal prodigalidad viene justificada por una intención de reconocer a un significativo número de personas que, hasta esa fecha, no podían hacerse merecedoras de tales recompensas por no estar recogido explícitamente por la Corporación Provincial.

El reglamento se detenía especialmente en la recompensa de la Medalla de Oro. Por una parte, en el artículo quinto se enunciaba que la concesión de ésta llevaba aparejada la del título de Diputado Provincial de Honor, por lo que se consideraba sus titulares como miembros honoríficos con carácter vitalicio pero sin capacidad operativa para el gobierno y la administración y que gozarían de todos los tratamientos y distinciones inherentes al cargo, si bien no especificaba cuáles son éstos. Por otra parte, el artículo noveno establecía que el acuerdo de concesión de la Medalla de Oro iría unido al nombramiento de Hijo Predilecto o Adoptivo, según se hubiera nacido o no dentro del territorio de esta entidad. Nos encontramos ante una distinción que, en su más alta categoría (la de oro), llevaba inserta las máximas dignidades con los que la Diputación Provincial de Sevilla puede honrar a una persona, otorgándole todo los reconocimientos que le permitía la normativa en vigor en ese momento.

El proceso para el otorgamiento de estas recompensas exigía, como en todas las actuaciones de la administración, el oportuno expediente cuya tramitación era la siguiente:

a) Un decreto de la presidencia ordenando su incoación, bien por decisión propia o bien a instancia de, por lo menos, tres miembros de la Corporación Provincial o de alguna de las Comisiones informativas de la misma.

b) El informe de la Comisión de Gobierno en el que con motivación bastante, se formulara a la Excma. Diputación Provincial la oportuna propuesta para su resolución.

c) Acuerdo de concesión adoptado por la Excma. Corporación Provincial en sesión ordinaria o extraordinaria mediante votación secreta y con el voto favorable de los dos tercios del número de Diputado que de hecho integren la Corporación en aquel momento, y en todo caso, de la mayoría absoluta legal de miembros de la misma.

Del mismo modo habría de procederse para dejar sin efecto la concesión y privando consiguientemente de cuantos honores y distinciones llevasen aparejados a quienes por motivos notorios de indignidad o descalificación pública mereciesen esa excepcional medida de privación.

El artículo octavo hacía referencia al modelo y forma de la Medalla así como el del Corbatín, dejando su descripción una vez estuviera autorizado este reglamento por la autoridad competente lo que se produjo el 15 de octubre de 1960 aunque no se produciría esta fijación hasta pasados algunos más años.

La disposición adicional única de este reglamento estipulaba que para lo no previsto en él se regirían según las disposiciones contenidas en la Sección 5ª del Capítulo I, Título IV del Decreto de 17 de mayo de 1952[123], vigente en ese momento.

2.2. Modificación del primer reglamento en 1984

El reglamento de 1960 sufriría una modificación posteriormente. La Comisión de Gobierno de la Diputación Provincial de Sevilla en sesión de 27 de noviembre de 1984 propuso, de conformidad con el dictamen emitido por ésta tras examinar la propuesta formulada por el Sr. Presidente, aprobar la modificación del Reglamento Especial para la concesión de la Medalla de la Provincia de Sevilla y Corbatín de Honor Provincial con el objeto de adaptarla a los principios inspiradores de la Constitución de 1978 y la normativa vigente en ese momento. La Corporación Provincial en sesión ordinaria de 30 de noviembre de 1984[124] adoptó el acuerdo de modificación.

Las motivaciones de este renovado reglamento se fundamentaban en el decidido propósito, por parte de la Diputación Provincial de Sevilla, de constatar en forma pública y solemne, el esfuerzo y los nobles empeños de quienes de modo relevante se hayan distinguido por sus méritos sobresalientes y notorios en beneficio de la colectividad y, en definitiva, de los valores democráticos. Si bien su redacción es muy parecida al anterior reglamento de 1960, en esta modificación incluía un nuevo vocabulario más cercano a la realidad política de ese momento aunque la estimulación es sustancialmente la misma.

Establecía esta instrucción los siguientes honores y distinciones:

- Medalla de la Provincia en las categorías de oro, plata y bronce.
- Corbatín de Honor de la Provincia "en los mismos órdenes y grados que la Medalla Provincial".
- Título de Hijo Predilecto o Adoptivo de la Provincia.

En su nueva redacción el reglamento enunciaba que estos reconocimientos podían ser concedidos a personas naturales o jurídicas, españolas o extranjeras en quienes concurriesen los méritos antes citados o se hubieran distinguido de manera especial en la realización de tareas que a la Excma. Diputación le venían impuestas para el cumplimiento de sus peculiares fines. Además especificaba que se entregarían sin limitación de número y que también se entregarían a título póstumo. Esta modificación suponía una gran diferencia con el reglamento anterior que no permitía los reconocimientos a fallecidos y ceñía la cantidad de distinciones a otorgar. Por último acotaba a las Instituciones, Corporaciones, Asociaciones,

[123] Reglamento de Organización, Funcionamiento y Régimen Jurídico de las Corporaciones Locales (BOE nº 159, de 7 de junio de 1952).

[124] A.D.P.S.: Libro de Actas 6.973.

Fundaciones o cualquier otra entidad con personalidad jurídica la posibilidad de recibir el Corbatín de Honor.

Al igual que lo expuesto en 1960, en 1984 la concesión de la Medalla de Oro llevaba aparejado el título de Diputado de Honor sin posibilidad de intervención en el gobierno ni la administración y dejaba abierta la opción de titular Hijo Predilecto o Adoptivo a los receptores de la Medalla de Oro. El procedimiento de concesión seguía los mismos pasos que veinte años antes si bien ahora se permitía que pudiera iniciarse el expediente a petición de particulares debidamente motivada.

Otra novedad que guardaba este reglamento de 1984 se expone en el artículo quinto que decía:

> "La imposición de la Medalla o Corbatín tendrá lugar en acto solemne, al que asistirá la Corporación Provincial, girándose invitación a primeras autoridades, titulares de otras distinciones concedidas por la Corporación y familia del homenajeado".

Desconocemos si se llegó a producir esta circunstancia pero creemos que pudiera ser una reiteración de lo expuesto en el artículo primero donde ya se enunciaba que la creación de este reglamento era para "premiar en forma pública y solemne". Otra novedad significativa de este reglamento fue que, al igual que en el 1960, se dejaba sin definir el modelo y forma de la Medalla y Corbatín pero manifestaba que "en todo supuesto llevará el escudo de la Provincia".

Como ejemplo de cambio de los tiempos, la disposición transitoria anticipaba los sucesos que ocurrirían en Sevilla con motivo de los actos conmemorativos del V Centenario del Descubrimiento de América, por lo que se creó la Medalla de Honor del Descubrimiento, para distinguir a quienes de modo relevante contribuyeran a estrechar los lazos de unión entre España, América y aquellos países en los que España hubiera influido en su civilización y cultura, con los mismos trámites que para otorgar los demás reconocimientos. Este acuerdo se adoptó por asentimiento unánime de la Corporación.

2.3. El reglamento de 1988[125]

Atendiendo a las sugerencias manifestadas por el Servicio de Protocolo de la Diputación de Sevilla, se inicia un borrador para el proyecto del nuevo Reglamento de Honores de la Corporación. En la documentación a la que hemos tenido acceso, se especifica que la nueva redacción se realizó con el fin de acomodar los honores y distinciones a la reciente legislación que sobre régimen de las Corporaciones Locales y, concretamente a lo previsto en la Sección V del Real Decreto 2568/1986, de 28 de noviembre[126].

---

[125] Boletín Oficial de la Provincia de Sevilla nº 110, de 13 de mayo de 1988.

[126] Real Decreto 2568/1986, de 28 de noviembre, por el que se aprueba el reglamento de organización, funcionamiento y régimen jurídico de las Entidades locales. (BOE nº 305, de 22 de diciembre de 1986; rect. En BOE nº 12, de 14 de enero de 1987).

Este texto fue aprobado por la Excma. Corporación Provincial, en sesión ordinaria celebrada el día 29 de marzo de 1988, su redacción literal se mandó a imprenta el 28 de abril de 1988 para hacerlo público, por primera vez, a los efectos prevenidos en el artículo 56 del Real Decreto 781/1986, de 18 de abril de 1986[127].

Aunque la inspiración de este nuevo reglamento es similar a la manifestada a los dos anteriores, la adecuación a la realidad política y normativa del momento y del contexto internacional que se vislumbraba con motivos de los actos del V Centenario del Descubrimiento de América que se celebrarían en la ciudad de Sevilla, hizo que la redacción de los méritos a premiar fuese sensiblemente diferente. En este caso, el artículo primero cita textualmente que la Diputación de Sevilla tenía el propósito de distinguir a quienes "se hayan distinguido por sus méritos sobresalientes y notorios en beneficio de España, sus relaciones con Hispanoamérica, como motivo de la celebración del V Centenario del Descubrimiento". Para lo cual establecía los siguientes honores y distinciones:

- Medalla de Oro de la Provincia de Sevilla.
- Medalla de Honor de los Descubrimientos.
- Corbatín de Honor de la Provincia de Sevilla.
- Título de Hijo Predilecto o Adoptivo de la Provincia de Sevilla.
- Placa de Honor de la Provincia de Sevilla.

Todos los demás artículos son un reflejo casi exacto de lo expuesto en los dos anteriores; número ilimitado de condecoraciones, reconocimientos aparejados a la Medalla de Oro, procedimiento para su concesión, etc. Sin embargo, el artículo quinto nos indicaba que la imposición de los honores descritos tendría lugar en un acto solemne al que asistiría la Corporación. Por último, el artículo sexto recogía que el modelo y forma de la Medalla de Oro y el Corbatín de Honor serían los marcados por la tradición inveterada mientras que la Medalla del Descubrimiento y la Placa de Honor de la Provincia de Sevilla serían fijadas por decretos de la Presidencia. Si bien en ambos casos habría de constar el Escudo de la Provincia y los colores propios de la Bandera Provincial.

2.4. Placa de Honor de la Provincia de 1989

Con fecha 8 de marzo de 1989 se publicó la resolución nº 751 de la Presidencia de la Diputación en la que se aprobaban las características que conformarían la Placa de Honor[128] de la provincia de Sevilla en virtud a lo expuesto en el artículo sexto del Reglamento de Honores y Distinciones vigente en ese momento[129].

Se establecieron como características de dicha placa las siguientes: era de bronce cincelado con escudo de la Diputación plateado, y tendría una guirnalda de frutos de la tierra de la provincia rodeada de una cinta con poblaciones cabeceras

[127] Real Decreto Legislativo 781/1986, de 18 de abril, por el que se aprueba el texto refundido de las disposiciones legales vigentes en materia del régimen local. (BOE nº 96, de 22 de abril de 1986 y nº 97, de 23 de abril de 1986; rect. BOE nº 165, de 11 de julio de 1986; BOE nº 282, de 25 de noviembre de 1986).

[128] Boletín Oficial de la Provincia de Sevilla nº 55, de 8 de marzo de 1989. Página 1.

[129] Boletín Oficial de la Provincia de Sevilla nº 110, de 13 de mayo de 1988.

de demarcación judicial, esmaltado con el color verde de la Diputación. En la parte superior llevaría el escudo de la Diputación rodeado del texto; Diputación Provincial de Sevilla. En el centro se grabaría el nombre del premio y el de la persona a quien fuese concedido.

A pesar de todas estas precauciones, no se entregó ninguna de estas placas hasta el año 2005, tal y como se nos informa en la *Exposición de motivos* del siguiente reglamento que se aprobó en el año 2006[130].

2.5. El reglamento de 2006[131]

El último de los reglamentos realizados hasta la fecha se aprobó por el pleno de la Diputación el 27 de octubre de 2005 y se publicó inicialmente en noviembre de 2005[132] a la espera de alguna reclamación o sugerencia al borrador aprobado. Al no realizarse ninguna, dicho acuerdo se eleva a definitivo y se procedió a su publicación íntegra en 2006[133]. En su preámbulo se recoge una amplia valoración de los honores y distinciones entregados hasta ese momento como manifestación de la necesidad de adaptar dicho reglamento a los nuevos tiempos.

Este nuevo reglamento está dividido en dos capítulos. El primero de ellos se titula De los honores, distinciones y reconocimientos y engloba los diez primeros artículos. El Capítulo II se denomina Del Día de la Provincia y está compuesto por un único artículo. Posee, además, una disposición adicional y una disposición derogatoria.

Este reglamento goza, a diferencia de los anteriores, de una mayor concreción de las dignidades a otorgar y desarrolla cada una de ellas en un apartado de forma pormenorizada. En su primer artículo, al igual que en reglamentos precedentes, hace referencia a la doctrina que la ha inspirado. Su redacción se ha transcrito literalmente ya que la estimación de la valía queda difuminada conscientemente en pro de una mayor amplitud en la evaluación de las virtudes.

Artículo 1.- "La Excelentísima Diputación Provincial de Sevilla para reconocer, de forma pública y solemne, los servicios extraordinarios, merecimientos especiales y los nobles empeños de quienes se hayan distinguido en el cumplimiento de su tarea en beneficio de España, de Andalucía y, especialmente, de la Provincia de Sevilla, establece las siguientes distinciones:

- Medalla de Oro de la Provincia de Sevilla.
- Título de Hijo Predilecto o Adoptivo de la Provincia de Sevilla.
- Placa de Honor de la Provincia de Sevilla.
- Otros de carácter excepcional".

---

130 Boletín Oficial de la Provincia de Sevilla nº 24, de 31 de enero de 2006. Página 1127 y 1128.

131 http://www.dipusevilla.es/conoce_diputacion/presidencia/departamento_de_relaciones_protocolarias/reglamento.html (Consultado el 15/12/2014).

132 Boletín Oficial de la Provincia de Sevilla nº 272, de 24 de noviembre de 2005, p. 13816.

133 Boletín Oficial de la Provincia de Sevilla nº 24, de 31 de enero de 2006. Página 1127 y 1128.

En el siguiente artículo aporta un dato novedoso respecto a los anteriores. Estipula que todos estos honores podrán concederse sin limitación de número, a personas naturales o jurídicas y, aquí está la novedad, a "cualquier otro colectivo reconocido aun carente de personalidad jurídica" ya sean españolas o extranjeras. Admite también la dación a título póstumo y concreta que los títulos de Hijo Predilecto o Adoptivo sólo podrán recaer sobre personas físicas.

Asimismo aporta otra primicia en lo referente a la revocación. Estima que su procedimiento será mediante "una revisión de oficio de actos declarativos de derechos, que en cada momento se encuentre vigente en la legislación de procedimiento administrativo común".

El procedimiento de otorgamiento será iniciado por el Presidente de la Diputación, de oficio o a instancia de terceros[134]. En este segundo caso, las proposiciones deben "presentarse en el registro general antes del último día hábil del mes de febrero de cada año". El expediente de concesión tiene que constar, al menos, de los siguientes documentos:

- Resolución de la Presidencia ordenando la incoación, bien por decisión propia o a instancia de tercero.
- Memoria que acredite los méritos y adhesiones a dicha propuesta.
- Informe del Servicio de Protocolo y del Secretario General de la Diputación.
- Dictamen favorable de la Junta de Gobierno.
- Dación de cuenta a la Junta de Portavoces.
- Acuerdo Plenario de la concesión, con un quórum mínimo de dos tercios del número legal de miembros de la Corporación.

En su cuarto artículo continúa con el procedimiento al otorgar al Secretario General de la Diputación la potestad de dar fe del acuerdo o de la resolución por la que se concederá el honor o la distinción correspondiente con anterioridad a su imposición en un acto solemne al que debe asistir la Corporación.

Los siguientes artículos desarrollan la descripción de los honores a conferir y el elemento que las representa así, para la Medalla de Oro, el artículo quinto manifiesta que será un reproducción en oro del escudo de la Diputación de Sevilla, del mismo tamaño y forma que la medalla capitular y se hará entrega de esta junto a una réplica en miniatura para la solapa. Los recompensados con este reconocimiento serán miembros honoríficos de la Diputación y podrán utilizar los tratamientos y distinciones inherentes al cargo –si bien no se especifica cuáles son– aunque no podrán intervenir en el gobierno y la administración del organismo.

En referencia a los títulos de Hijo Predilecto o Hijo Adoptivo, se dispone que estos se lleven a cabo sobre un pergamino en el que se debe incluir el escudo de la Diputación, el nombre del galardonado y la fecha del acuerdo plenario en el que se le concedió tal reconocimiento y, aclara, que se otorgará siempre a personas físicas.

Para la Placa de Honor nos remite a la resolución nº 751 publicada en el BOP nº 55 de fecha 8 de marzo de 1989, sobre la que se grabará el nombre del premiado. El

[134] Diputados provinciales, Ayuntamientos, autoridades, consorcios, instituciones, asociaciones y colectivos sociales.

octavo artículo deja la puerta abierta a otras posibilidades de honores y distinciones de carácter extraordinario que no tengan cabida en los anteriormente expuestos.

Aclara que todos estos honores y distinciones no recibirán dotación económica alguna y que sus símbolos de reconocimiento podrán ser utilizados en los actos públicos a los que concurran –sin explicar si son los actos públicos de cualquier Administración (central, autonómica y local) o solamente para los actos realizados o promovidos por la Diputación Provincial de Sevilla–. Una primicia de este borrador es el expreso permiso que se otorga a los beneficiarios de poder hacer uso de sus dignidades en sus impresos, pero tampoco aclara a qué tipo de documentos se refiere.

El artículo once es el único del capítulo II y está dedicado al día de la provincia que se instituye el 23 de mayo que podrá ser modificado excepcionalmente mediante resolución de la Presidencia con previa audiencia a la Junta de Portavoces. Las circunstancias relativas a este día serán desarrollados en un futuro por resolución de la Presidencia para lo que se designará una Comisión de Organización y Coordinación de los actos institucionales y será en este día cuando se haga entrega de los honores y distinciones recogidos en este borrador del reglamento.

En su disposición final se faculta a la Presidencia de la Diputación para resolver las dudas de interpretación de este reglamento y la disposición derogatoria deja sin vigor el anterior reglamento de 29 de marzo de 1988.

PARTE III.
CONCLUSIONES

1. CONCLUSIONES FINALES Y APORTACIONES PARA FUTURAS INVESTIGACIONES

La recopilación histórica de los reglamentos de honores y distinciones redactados por las Diputaciones provinciales de Andalucía a lo largo del siglo XX y comienzos del siglo XXI nos demuestra la necesidad de la administración por regular una actividad que le era propia pero que carecía de las garantías propias de un procedimiento administrativo.

La concienciación de la necesidad de regular los honores y distinciones por parte de las Diputaciones provinciales puede surgir a la Administración a partir de dos supuestos:

- El deseo de premiar actividades que suponen un orgullo para el conjunto de la ciudadanía.
- Imprimir los valores constitucionales en la sociedad a través de las dignidades otorgadas.

En cualquiera de los dos supuestos, la atemporalidad de la institución que lo concede hace que los títulos y los nombramientos sean una manifestación de la personalidad de quien los concede y, con el paso del tiempo, formen parte de la historia local.

Por otra parte, la entrega de los reconocimientos ha de producirse de forma coherente con los valores constitucionales, es decir, los reglamentos de honores y distinciones son la herramienta de la diputación provincial para ejemplificar estas pautas de comportamiento. Para ello, la redacción de la normativa sobre honores y distinciones así como las categorías de los galardones que concede debe tener un fundamento histórico en la sociedad en la que se va a ejecutar y deben ser otorgados con regularidad.

De esta manera, a través de los reglamentos se deben identificar:

- Los públicos a los que va dirigido.
- La evolución de los valores de la sociedad.

Como conclusión final de todo lo expuesto hasta ahora podemos decir que lo expuesto en este libro ha demostrado que la reglamentación de los honores y distinciones que aparece a mediados del siglo XX es la respuesta a una realidad que existía desde antiguo en las entidades locales municipales pero que carecía de una consistencia normativa. En el momento de la realización de esta obra observamos que los reglamentos de honores y distinciones están en un momento de transformación. Por una parte, casi todos comparten una serie de dignidades genéricas y que son las mismas en todos ellos como son los nombramientos de hijo predilecto o adoptivo así como las medallas con una o varias categorías. Por otra parte, aparecen denominaciones de nuevo cuño: Escudo de Oro (en Almería), Galardón Diputación o Granada Coronada (en Granada), Premios de la Provincia (en Jaén) u otras menos específicas y que permiten una mayor flexibilidad en su nombre e interpretación como es el caso de *otros de carácter excepcional* (en Sevilla) que buscan un nuevo encaje en la tradición honorífica tal y como vemos de la documentación extraída. Esta evolución en los reconocimientos va en sintonía con el cambio de modelo de sociedad.

Aportaciones para futuras investigaciones

La estructura política de la Comunidad Autónoma Andaluza ha permitido el estudio de la institución provincial que en otras partes del territorio español desapareció con el surgimiento del Estado de las Autonomías. En el caso de las comunidades autónomas uniprovinciales, éstas asumieron como propias las competencias de las diputaciones por lo que un futuro estudio de los honores y distinciones de estas provincias puede ser sustancialmente distinto al que hemos expuesto en este compendio.

Por ello, nuestra principal propuesta de investigación futura se centra en dar continuidad al estudio de la evolución de los casos que han formado parte de esta recapitulación, dadas las múltiples ventajas que podrían deparar su seguimiento en el tiempo. Esto nos lleva, a plantear la conveniencia de realizar estudios comparativos con otras comunidades autónomas en las que existan estas instituciones y posean reglamentos de honores y distinciones ya que las particularidades de unas y otras pueden ofrecer nuevas cuestiones relacionadas con las posibilidades de desarrollo de los honores y distinciones.

BIBLIOGRAFÍA

ARGÜELLES, A. (2002): *Examen histórico de la reforma constitucional de España.* Oviedo, Junta General del Principado de Asturias.

BAENA DEL ALCÁZAR, M. (1967): "Sobre el concepto de fomento" en *Revista de Administración Pública* nº54, págs.: 43 - 85.

BALLBÉ PRUNES, M. (1947): *Sistemática del Derecho Administrativo.* Barcelona, Ed. Bosch.

BECCARIA, Cesare, Marchese di [1764] (2008): *De los delitos y las penas.* Madrid. Alianza.

BEJARANO PÉREZ, R. (1973): "Antecedentes de la provincia de Málaga" en *Revista Jábega* nº 2, pp. 54-60.

BENTHAM, J. (1838): *Teoría de las penas y recompensas.* Tomo II. Barcelona, Imprenta de Manuel Saurí.

BERMEJO LATRE, J.L. (2008): "La Administración y el Derecho al Honor" en *Revista de Administración Pública* nº 175, págs. 375 - 398.

BOSQUE MAUREL, J. (2011): *Granada. Historia y cultura.* Granada. Publicaciones Diputación de Granada.

BURGEÑO, J.:

- (1995): "De los cuatros reinos a las ocho provincias" en *Cuadernos Geográficos* nº 24-25, pp. 33-49.
- (1996): *Geografía política de la España constitucional: la división provincial.* Madrid, Centro de Estudios Constitucionales.

CALERO AMOR, A.M. (1987): *La división provincial de 1833. Bases y antecedentes.* Madrid. Instituto de Estudios de Administración Local (IEAL).

CARR, R. (1990): *España 1808-1975.* Barcelona, Ed. Ariel.

CASARES, J. (1992): *Diccionario Ideológico de la Lengua Española.* Barcelona, Ed. Gustavo Gili.

CEBALLOS-ESCALERA, A. y GARCIA-MERCADAL, F. (2003): *Las órdenes y condecoraciones civiles del Reino de España.* Madrid. Boletín Oficial del Estado y Centro de Estudios Políticos y Constitucionales.

CHAMOCHO CANTUDO, M.A.:

- (2003): *Jaén, de Reino a Provincia: la gestación de la provincia y su territorio en el siglo XIX.* Jaén. Instituto de Estudios Giennenses.
- (2004): *La Diputación Provincial de Jaén en el primer Estado constitucional: Historia política y jurídica de la Diputación Provincial de Jaén (1813-1868): Entre el modelo liberal-constitucional y el modelo moderado-isabelino.* Jaén. Instituto de Estudios Giennenses.

- (2008): *Evolución institucional de la Diputación Provincial de Jaén en el primer Estado constitucional (1813-1868): Estudio comparado entre el modelo liberal-constitucional y el modelo moderado-isabelino.* Jaén. Instituto de Estudios Giennenses.

CORTÉS PEÑA, A.L. y MARINA BARBA, J. (1997): *Proyectos de división territorial en la crisis del Antiguo Régimen. Granada, de reino a provincia.* Granada. Centro de Estudios Municipales y Cooperación Internacional (CEMCI).

CRUZ AGUILAR, E. (1981): "La provincia marítima de Segura de la Sierra" en *Boletín de Estudios Giennenses* nº 107, pp. 51-82.

CUENCA TORIBIO, J. M. (1963): "Los orígenes de la Diputación sevillana" en *Revista Archivo Hispalense,* nº 118, Tomo XXXVIII, pp. 209-212.

DE VEGA DOMÍNGUEZ, J. (1995): *Huelva a finales del Antiguo Régimen: 1750-1833.* Huelva, Diputación Provincial de Huelva (Colección Investigación).

DOMINGUEZ VILA, A. (2003): "Antecedentes históricos del gobierno local" en *Municipio Constitucional, II Seminario de historia de la administración 2002,* pp. 361- 398. Madrid, Instituto Nacional de Administración Pública.

ESPINO JIMÉNEZ, F.M. (2009): *Administración territorial y centralismo en la España Liberal. La Diputación de Córdoba durante el reinado de Isabel II (1843-1868).* Córdoba, Diputación de Córdoba, Departamento de ediciones y publicaciones.

ESTRADA, J.A. (1747): *Población general de España: historia chronológica, sus tropheos, blasones, y conquistas heroycas: descripciones, y sucessos que la adornan en que se incluyen las islas adjacentes, y presidios de África.* Tomo III, Madrid, Imprenta del Mercurio.

FERNÁNDEZ, T.R. y SANTAMARÍA, J.A. (1977): *Legislación administrativa española del siglo XIX.* Madrid, Instituto de Estudios Administrativos.

FERNÁNDEZ DE LA PUENTE Y GÓMEZ, F. (1953): *Condecoraciones Españolas.* Madrid, Gráficas Osca.

GARCÍA FERNÁNDEZ, J. (1983): *El origen del municipio constitucional: autonomía y centralización en Francia y en España.* Madrid, Instituto de Estudios de Administración Local.

GARCÍA-MERCADAL Y GARCÍA-LOYGORRI, F.:

- (1995): "Derecho premial y sociedad democrática: propuestas para un debate", en *Emblemata. Revista Aragonesa de Emblemática,* nº 1, pp. 203 - 222.
- (2010): "Penas, distinciones y recompensas: nuevas reflexiones en torno al *derecho premial*", en *Emblemata, Revista Aragonesa de Emblemática,* nº 16, pp. 205 - 235.

GARCÍA-MERCADAL Y GARCÍA-LOYGORRI, F.; MEDINA ÁVILA, C.; SÁNCHEZ GONZÁLEZ, M. D. M.; PRIETO BARRIO, A.: *Código de Ceremonial y Protocolo.* Madrid, Agencia Estatal Boletín Oficial del Estado.

GARRIDO FALLA, F.:

- (1953): "Transformaciones del concepto jurídico de policía administrativa" en *Revista de Administración Pública* nº 11, pp. 11-31.
- (1974): Problemática jurídica de los planes de desarrollo económico.
- (2002): *Tratado de Derecho Administrativo. Volumen II.* Madrid, Tecnos.

GARRIDO OLIVER, M. (2014): *Honores y Distinciones de la Ciudad de Ronda.* Ronda, Ed. La Serranía.

GONZÁLEZ CASANOVAS, J.A. (1986): *Las Diputaciones Provinciales en España.* Madrid. Mancomunidad General de Diputaciones de Régimen Común.

GONZALEZ MARIÑAS, P. (1978): *Las Diputaciones Provinciales en Galicia: del Antiguo Régimen al constitucionalismo.* La Coruña, Diputación Provincial de La Coruña.

GONZÁLEZ PÉREZ, J. (1957): "El método en el Derecho Administrativo" en *Revista de Administración Pública* nº 22, pp. 11-97.

GOZÁLVEZ ESCOBAR, J.L.; RODRIGUEZ CRIADO, I. (1980): Huelva del Antiguo al Nuevo Régimen: la constitución del territorio provincial y su capitalidad. *Revista EREBEA nº 2 (Tirada Aparte)*. Huelva, Colegio Universitario de La Rábida.

GOZÁLVEZ ESCOBAR, J.L. (1982): *La formación de la provincia de Huelva y el afianzamiento de su capital.* Huelva, Instituto de Estudios Onubenses "Padre Marchena".

GUAITA, A. (1974): "La división provincial y sus modificaciones" en *III Symposium de Historia de la Administración*. Madrid, Instituto de Estudios Administrativos.

Guía de archivos de las Diputaciones Provinciales y Forales y de los Consejos y Cabildos Insulares de España (2006). Cádiz, Diputación Provincial de Cádiz.

GUIMERÁ PERAZA, M. (1979): *El pleito insular (del gobierno único a las dos provincias)*. Mancomunidad de Cabildos de Las Palmas.

Gran Enciclopedia de Andalucía (GEA) (1979): Sevilla, Ed. Promociones Culturales Andaluzas, S.A.

Instalación de la Diputación Constitucional de la provincia de Granada (2013). Granada. Publicaciones del Área de Cultura, Diputación de Granada.

JIMENEZ ASÚA, L. (1915): *La recompensa como prevención general: el derecho premial.* Madrid, Hijos de Reus.

JORDÁ I FERNÁNDEZ, A. (2002): *Las diputaciones provinciales en sus inicios: Tarragona, 1836-1840: la guerra como alteración en la aplicación de la norma jurídica.* Madrid, Instituto Nacional de Administración Pública (INAP) y Diputación de Tarragona.

JORDANA DE POZAS, L.:

- (1949): "Ensayo de una teoría de fomento en el derecho administrativo" en *Revista de Estudios Políticos* nº 48, págs. 41-54.
- (1961): *Estudios en homenaje a Jordana de Pozas.* Madrid, Instituto de Estudios Políticos.

LÓPEZ ARANDIA, M.: *El Mar en el Interior. La provincia marítima de Segura de la Sierra.* Recurso electrónico: https://www.academia.edu/1444053/El_mar_en_el_interior._La_provincia_maritima_de_Segura_de_la_Sierra (Consultado el 09/09/2014).

LORENTE AZNAR, C.J. (1999): *Condecoraciones civiles españolas: compilación normativa: condecoraciones, órdenes, placas y medallas estatales, autonómicas, universitarias e institucionales.* Zaragoza, INRESA.

MAQUIAVELO, N. (2004): *El príncipe.* Santa Fé, El Cid editor. Recurso electrónico: http://0-site.ebrary.com.fama.us.es/lib/unisev/docDetail.action?docID=10049258 (Consultado el 10/02/2015).

MARTÍN-RETORTILLO, S. y ARGULLOL, E. (1973): *Descentralización administrativa y organización política. Volumen I. Aproximación histórica (1812-1931).* Madrid, Alfaguara.

MARTÍNEZ DE VELASCO, A. (1972): *La formación de la Junta Central.* Pamplona, Ediciones Universidad de Navarra.

MARTÍNEZ DÍEZ, G. (1981): "Génesis histórica de las provincias españolas" en *Anuario de historia del derecho* nº 51, págs.: 523-593.

MARTÍNEZ HERNÁNDEZ, M.C.:

- (2014): *Imágenes para la historia de la Diputación de Córdoba (1813 -1983).* Córdoba. Diputación de Córdoba, Departamento de Archivo.
- (1996): "La Diputación Provincial de Córdoba; 1813-1814. Los intentos de implantación del nuevo régimen político-administrativo". En *Actas del II Congreso de Historia de Andalucía. Córdoba, 1991. Andalucía Contemporánea.* Córdoba, 1996, pp. 329-339.

MARTINEZ SOSPEDRA, M. (1978): *La Constitución española de 1812:(el constitucionalismo liberal a principios del siglo XIX).* Valencia, Universidad de Valencia.

MELÓN RUIZ DE GORDEJUELA, A. (1957-1958): "Inmediata génesis de las provincias españolas", en *Anuario de historia del derecho* nº 27- 28, págs.: 17-59.

MONTANER FRUTOS, A. (2010): "La creación, modificación y rehabilitación de emblemas municipales: el papel de las administraciones públicas", en *Eusko Ikaskuntza* nº 195, págs.: 123 - 150.

MONTESQUIEU (1995): *Del Espíritu de las Leyes*. Madrid, Tecnos.

MONTIJANO FUENTES, J.M. (2012): "La provincia marítima de Segura de la Sierra. Una dependencia de la Armada en el interior" en *Revista General de la Marina* Tomo 263, pp. 832-842

MORELL OCAÑA, L.:

- (1984): *La administración local*. Madrid, Tecnos.
- (1997): "Un precedente: Jefe político y Diputaciones Provinciales en la Constitución de 1812" en *El Gobernador civil en la política y en la Administración de la España contemporánea*. Madrid, Ministerio del Interior, pp. 131-157.

MUÑOZ DE BUSTILLO, C. (1997): "Los antecedentes de las Diputaciones Provinciales o la perpleja lectura de un pertinaz lector", en *Anuario de Historia del Derecho* nº 67, II, págs.: 1179-1192.

NIETO, A. (2006): *Historia administrativa de la Regencia de María Cristina: los primeros pasos del Estado constitucional*. Barcelona, Ariel.

NUÑEZ FERNÁDEZ, E. (2008): "La medalla corporativa como insignia de las autoridades municipales. Apuntes para su estudio", en *Archivo Secreto* nº 4, págs.: 106 - 123.

OJEDA RIVERA, J. F. (1986): "Los efectos de la provincialización en el triángulo Huelva-Sevilla-Cádiz", en *Revista de Estudios Andaluces* nº 7, págs..: 147-164.

ORTEGO GIL, P.:

- (1990): *Evolución legislativa de la Diputación Provincial en España, 1812-1845: La Diputación Provincial de Guadalajara*. Madrid, Universidad Complutense, Facultad de Derecho.
- *La instrucción para el gobierno económico-político de las provincias de Ultramar*. Recurso electrónico: http://www.juridicas.unam.mx/publica/librev/rev/hisder/cont/14/cnt/cnt11.pdf (Consultado el 08/08/2016).

PALACIOS BAÑUELOS, L. (1990): *Historia de Córdoba. La etapa contemporánea (1808-1936)*. Córdoba, Publicaciones del Monte de Piedad y Caja de Ahorros de Córdoba.

PARADA VÁZQUEZ, R. (1996): *Derecho Administrativo*. Tomo I Parte General. Madrid. Marcial Pons, Ediciones Jurídicas, S. A.

PÉREZ GUERRA, J.M. (2000): *Órdenes y Condecoraciones de España 1800- 1975*. Zaragoza, Editorial Hermanos Guerra.

PIÑAR MAÑAS, J.L. (1983): "La Administración periférica civil del Estado" en *Revista de Administración Pública* nº 100-102, págs.: 1899-1941.

PONCE ALBERCA, J. (1999): *Política, Instituciones y provincias: la Diputación de Sevilla durante la dictadura de Primo de Rivera y la IIª República (1923-1936)*. Sevilla, Diputación de Sevilla, Área de Cultura y Ecología.

REVISTA OMEYA: Recurso electrónico: http://www.dipucordoba.es/#!/bicentenario-omeya (Consultado el 10/09/2016).

REY DE LAS PEÑAS, R. y SANCHA SORIA, F. (1995): *El tiempo y las fuentes de su memoria. Historia Moderna y Contemporánea de la provincia de Huelva. Tomo I: Catálogo Documental*. Huelva, Diputación Provincial de Huelva, Servicio de Archivo.

REY DÍAZ, J.M. (1913): El centenario de las Diputaciones Provinciales. Córdoba, Diputación Provincial.

SALCEDO IZU, J.J. (1969): *La Diputación del Reino de Navarra*. Pamplona, Ediciones Universidad de Navarra.

SANCHEZ-ARCILLA BERNAL, J. (1994): *Historia de las Instituciones político administrativas contemporáneas (1808-1975)*. Madrid. Ed. Dykinson.

SANJUÁN ANDRÉS, F.J (2012): "Las Diputaciones Provinciales. Una aproximación a los orígenes de la Diputación de Cádiz" en *Historia Constitucional* nº 13, pp. 271 -282.

SANTANA MOLINA, M. (1989): *La Diputación Provincial en la España decimonónica*. Madrid, Instituto Nacional de Administración Pública.

SILVELA, F. A. (1839): *Colección de proyectos, dictámenes y leyes orgánicas o Estudios prácticos de administración*. Madrid, Imprenta Nacional.

SULLEIRO GONZÁLEZ, P. (1971): *Protocolo, Honores y distinciones en las Corporaciones Locales*. Madrid. Instituto de Estudios de Administración Local.

TORENO, Conde de (1835): *Levantamiento, guerra y revolución de España*. Madrid, Imprenta de Tomás Jordán.

VALDÉS Y MENÉNDEZ VALDÉS, J. (1967): *La acción honorífica en un Estado de derecho*. Madrid, Escuela Nacional de Administración Pública.

VENTURA ROJAS, J.M. (2008): *La provincia de Córdoba durante el reinado de Fernando VII (1808-1833): el marco socioeconómico*. Madrid, Fundación Universitaria Española.

VILARRUBIAS SOLANES, F. A. (1980): *Honores, Distinciones y Heráldica en las Corporaciones Locales*. Madrid, IEAL.

VILLAR PALASÍ, J.L. (1954): "Las técnicas administrativas de fomento y apoyo al precio político" en *Revista de Administración Pública* nº 14, pp. 11-121.

Made in United States
Troutdale, OR
11/03/2026

56844352R00091